高校思政课程建设

韩晓娟◎著

经济管理出版社

ECONOMY & MANAGEMENT PUBLISHING HOUSE

图书在版编目（CIP）数据

高校思政课程建设 / 韩晓娟著 . -- 北京：经济管理出版社，2024. -- ISBN 978-7-5243-0106-6

Ⅰ . G641

中国国家版本馆 CIP 数据核字第 2024SW0291 号

组稿编辑：张丽嫒
责任编辑：王光艳
责任印制：许　艳

出版发行：经济管理出版社
　　　　　（北京市海淀区北蜂窝 8 号中雅大厦 A 座 11 层　100038）
网　　　址：www.E-mp.com.cn
电　　　话：（010）51915602
印　　　刷：北京金康利印刷有限公司
经　　　销：新华书店
开　　　本：710mm×1000mm / 16
印　　　张：13.25
字　　　数：229 千字
版　　　次：2024 年 10 月第 1 版　2024 年 10 月第 1 次印刷
书　　　号：ISBN 978-7-5243-0106-6
定　　　价：88.00 元

　　新时代高校思想政治理论课建设，作为党和国家教育事业的重要组成部分，承载着培养德、智、体、美、劳全面发展的社会主义建设者和接班人的历史使命，具有不可替代的作用。党的十八大以来，习近平总书记围绕思政课建设作出一系列重要论述，为办好、讲好思政课提供了根本遵循，指引了正确方向。2019 年 3 月 18 日，习近平在学校思想政治理论课教师座谈会上的讲话中强调，思政课是落实立德树人根本任务的关键课程，思政课作用不可替代，思政课教师队伍责任重大。我们办中国特色社会主义教育，就是要理直气壮开好思政课。2024 年 5 月 11 日，习近平对学校思政课建设作出重要指示。他强调，新时代新征程上，思政课建设面临新形势新任务，必须有新气象新作为。要坚持以新时代中国特色社会主义思想为指导，全面贯彻党的教育方针，落实立德树人根本任务，坚持思政课建设与党的创新理论武装同步推进，构建以新时代中国特色社会主义思想为核心内容的课程教材体系，深入推进大中小学思想政治教育一体化建设。可以说，思想政治理论课建设是一项涉及教学内容、方法、师资队伍等多个方面的系统工程，对于提高学生的思想政治素质，引导他们树立正确的世界观、人生观和价值观具有深远的意义。在新时代背景下，高校思想政治理论课建设面临着新的机遇与挑战，需要全社会的共同努力和支持。高校应积极响应党和国家号召，紧跟时代步伐，不断创新与发展思想政治理论课教学，为培养新时代的优秀人才做出更大贡献，这不仅是对高校思想政治理论课建设的时代要求，也是对高校教育事业历史使命的深刻体现。

本书从高校思想政治教育的理念出发，详细剖析高校思想政治理论课及其作用，探讨高校思想政治课程建设的现状与经验借鉴，着重关注思想政治课程教学的改革。本书将焦点放在大学生人文精神的培养上，深入探讨人文精神的要素、培养的意义与途径，并进一步分析思想政治教育与人文精神培养的关系以及实践策略，积极探索将中国共产党人精神谱系、地域红色文化等融入大学生思政政治教育的路径，例如长征精神、"两弹一星"精神、三线精神、科学家精神、抗震救灾精神等。

本书注重理论与实践的紧密结合，既有对高校思想政治教育理论的深度剖析，也有对思想政治理论课实际教学改革的建议。章节布局逻辑清晰、条理分明，每个章节都围绕一个中心议题展开，层层深入，便于读者系统学习，具有可读性和实用性，旨在为教育工作者提供一套全面、系统、具有前瞻性的教学理念与方法，同时也为关心高校思想政治教育的社会各界人士提供一个深入了解与探讨的平台。

目 录
CONTENTS

第一章 高校思想政治教育概述

第一节 高校思想政治教育的理念

理念是个体根据对事物本质和发展趋势的理解而形成的思想观念，具有理性化和价值性属性。科学的理念应准确揭示事物的发展规律，反映个体和集体的发展需求，关键在于统一规律性和目的性，既要符合客观规律，又要满足社会发展的需要。科学的理念不仅是对事物本质的正确理解，更是对社会发展趋势的把握，以及对个体与集体发展目标的准确反映。

在构建思想政治教育的理念时，必须考虑学生群体的需求，确保理念可以体现思想政治教育的本质和发展方向。这意味着理念必须与学生群体的内在发展需求紧密契合，以实现教育的有效性和适切性，同时关注个体在发展过程中的必然趋势和完善方向。因此，思想政治教育理念应既关注整体大势，反映学生集体的共同追求和成长动力，又注重个体差异，为每位学生的独特发展提供支持与引导。在这个过程中，理念应不断演进，以适应社会的变革和学生的多样性，促使学生在全面发展中找到实现个体价值的最佳路径。

一、以人为本理念

2019年3月18日，中共中央总书记、国家主席、中央军委主席习近平在北京主持召开学校思想政治理论课教师座谈会并发表重要讲话。习近平指出，推动思想政治理论课改革创新，要不断增强思政课的思想性、理论性和亲和力、针对性，要坚持"八个统一"，具体而言：政治性和学理性相统一、价值性和知识性相统一、建设性和批判性相统一、理论性和实践性相统一、统一性和多样性相统一、主导性和主体性相统一、灌输性和启发性相统一、显性教育和隐性教育相统一。坚持"八个统一"核心就是坚守"为党育人、为国育才"的初心使命，担当加快建设教育强国的时代责任，牢牢抓住思想政治工作生命线，大力构建以学生成长为中心的卓越教育体系，培育担当民族复兴大任的时代新人。

"八个统一"中提到的坚持灌输性和启发性相统一，注重启发性教育，就是坚持以人为本理念，引导学生发现问题、分析问题、思考问题，在不断启发中让学生水到渠成得出结论。如果说，灌输性强调的是大水漫灌，是教育者的一种知识和价值供给，那么启发性强调的则是基于受教育者的需求所进行的滴灌。滴灌的过程就是基于受教育者的问题意识，逐一揭开知识的深井、解开价值观的迷茫。在实现灌输性的过程中，传统的课堂是最为有效的方式；在实现启发性的过程中，慕课（MOOC）、微课则成为最为便捷的途径。高校思想政治教育的以人为本理念，其核心在于强调教育过程需以学生为中心，全心全意为学生服务，同时充分尊重和深度关注学生的主体性与个性差异。每位学生都是独一无二的个体，拥有各异的背景、兴趣、才能和梦想，而思想政治教育的任务正是发掘并尊重这些多样性，助力每位学生探寻并踏上适合自身发展的道路。

在教育实践中，教师肩负着重大责任，他们需深入了解学生的实际需求，洞察学生的心理特征与成长规律，这是设计教育内容与方法的关键基石。唯有真正站在学生的立场，才能制订出契合其成长需求的教育方案。以人为本的教育理念对教师提出了更高要求，它要求教师摒弃陈旧、单一的教学模式，转而采用灵活多样的教学方法，例如启发式、讨论式等，这些方法能激发学生主动思考，积极参与，从而在探索与学习中实现自我成长。此外，教师还应深切关注学生的情感体验与内心需求。思想政治教育不仅是知识的传递，更是情感的交流与心灵的触碰。教师应致力于构建一个和谐、民主、平等的教育环境，让学生在此感受到尊重、理解与关爱。唯有在这样的氛围中，学生方能卸下心防、敞开心扉，真诚接受教育，实现内心的成长与蜕变。

同时，以人为本的教育理念也着重强调学生的自我实现。教师应鼓励学生勇于追梦，敢于挑战自我，不断突破极限。在此过程中，教师需给予学生充分的支持与引导，协助他们克服困难，实现自我价值。

二、德育为先理念

"才者，德之资也；德者，才之帅也。"德育为先这一理念不仅关乎个体的道德品质培养，更是社会文明进步的重要基石。培养什么人，是教育的首要问题。习近平总书记强调："要努力构建德智体美劳全面培养的教育体系，形成更高水平的人才培养体系"，并要求"把立德树人融入思想道德教育、文化知识教育、社会实践教育各环节，贯穿基础教育、职业教育、高等教育各领域"。无论是"德智体美劳"还是"立德树人"，德育都排在第一位，足以说明德育在学校教育与青年成长中的重要地位和作用。在思想政治教育中，德育应被置于首要位置，贯穿于教育的全过程。德育为先的教育理念，既是对教育本质的回归，也是对人才培养目标的明确指向。通过系统的道德教育和实践活动，德育为先的理念强调全面引导学生树立正确的世界观、人生观和价值观，从而培养他们的道德情操和社会责任感。

德育为先的教育理念要求在教育过程中，德育贯穿始终。教师在课程设置、教学内容和教学方法上都应体现德育的核心地位，确保德育不仅是独立的一部分，更是各科教学的有机组成部分。学生在学习知识的同时，也能受到潜移默化的道德熏陶，逐步形成正确的价值观念和行为习惯。

德育为先强调通过实际行动和体验来增强学生的道德意识和社会责任感。教师应注重身教胜于言教，以自身的言行示范来影响和感染学生。教师和教育工作者的言行举止、道德风范对学生有着潜移默化的影响，是最生动、最直接的德育素材。同时，通过开展丰富多彩的德育活动，例如志愿服务、社会实践等，让学生在亲身体验中感悟道德的力量，形成良好的道德品质。让学生参与志愿服务和社会实践活动，不仅能够培养学生的社会责任感和奉献精神，还能让他们在真实的社会情境中锻炼解决问题的能力，增强实践能力和社会适应能力。

德育为先的理念强调德育活动的多样性和创新性。为了提高德育的实效性和吸引力，教师应根据学生的年龄特点、兴趣爱好和心理需求，设计并组织形式多样、内容丰富的德育活动。例如，通过组织文化讲座、主题班会、参观学习、辩论赛等形式，激发学生参与德育活动的兴趣和积极性。通过这些多样化的德育活动，不仅能使学生在轻松愉快的氛围中接受道德教育，还能提高他们的道德认知水平和道德判断能力。

德育为先还强调家庭、高校和社会的共同参与、密切合作。德育不仅是高校的责任，也是家庭和社会的共同责任。家长在家庭生活中对孩子的道德教育是不可替代的，应通过言传身教，为孩子树立良好的道德榜样。同时，社会各界也应积极参与德育工作，为学生提供良好的道德教育环境和丰富的社会实践机会。只有家庭、高校和社会三方联动、共同努力，才能形成全方位、多层次的德育工作体系，促进学生全面发展。

三、和谐发展理念

高校思想政治教育的和谐发展理念，是指在培养学生思想品德、提升社会责任感和创新能力的过程中，强调个体与社会、个体与自然、个体内部各要素之间的和谐统一和协调发展。和谐发展理念体现了中国特色社会主义核心价值观的重要内容，旨在通过教育引导，使学生在成长过程中形成积极健康的心态和行为模式，促进个体与社会、个体与环境之间的和谐互动。

第一，和谐发展理念强调个体与社会的和谐。高校思想政治教育的使命不仅在于传授学科知识，更在于培养学生的社会责任感和公民意识。在这一过程中，学生通过课堂学习与社会实践的结合，逐步认识到个人行为对社会的深远影响。例如，通过参与社区服务或社团活动，学生既可以提升自己的能力，又可以为社会贡献力量。这种参与过程不仅加深了他们对社会运作机制的理解，还锻炼了他们的团队协作和领导能力，从而形成健全的社会交往能力和团队合作精神。

第二，和谐发展理念关注个体与自然的和谐。当前全球生态环境问题日益严峻，高校教育有着重要的历史责任，即引导学生树立生态文明观念，提升学生的生态环境保护意识。通过生态教育课程、实地考察和环保志愿活动，学生能够深刻体会到人类与自然生态系统的相互依存关系。这种深刻的体验不仅是知识的传递，更是情感与态度的塑造。学生通过亲身经历，逐步形成珍惜自然资源、保护生态环境的内在动机和行动意愿，从而促进人与自然的和谐共生，为可持续发展贡献自己的智慧和力量。

第三，和谐发展理念注重个体内部各要素的协调发展。高校思想政治教育不再只关注学生的学业成绩，而是全面培养其思想道德素养、身心健康等多方面能力。在当今社会，心理健康问题日益突出，艺术文化的力量也逐渐被重视。因此，高校通过开展心理健康教育、艺术文化教育等多样化活动，能够帮助学生有效地管理个人情绪，树立积极健康的人生观和价值观，实现个人内在各要素的和谐统一。例如，心理健康教育可以帮助学生认识到压力管理的重要性，学会有效应对挑战和困难；艺术文化教育能够激发学生的创造力和审美能力，培养他们对人文精神的尊重和理解，进而提升个体的整体素质和社会价值。

四、全面发展理念

全面发展是指德、智、体、美、劳各方面的和谐发展。在思想政治教育中，必须以全面发展理念为指导，确保学生得到全方位的培养。因为学生是国家未来的建设者，必须让他们得到全面成长，提升他们的思想道德、科学文化和身体健康素质。这样的培养不仅造福于学生个人，而且有助于国家的长远发展。思想政治教育工作者应当以全面发展为目标，通过教育引导学生在各个方面取得均衡发展，成为德、智、体、美、劳全面发展的优秀人才。

第一，高校思想政治教育的服务对象是学生的全面发展。在学生成长过程中，思想政治素质是至关重要的精神支撑。学生的成长应以人为本，综合考虑思想政治教育与成才需求。教育的目标是引导学生统一学习与思想政治修养、书本知识与社会实践、个人价值与国家服务、理想追求与实践奋斗。通过这样的教育引导，学生将更有可能为振兴中华贡献力量。思想政治教育工作者应以这一理念为指导，为学生的全面发展提供有效的支持和引导。

第二，高校思想政治教育的核心是学生的全面发展。为实现这一目标，教育需根据社会和学生思想的变化不断总结、扩展新视野、丰富教育理论。采用多渠道、多方式促进学生的全面发展至关重要。这包括强化文化、网络、科技、伦理建设，提供多样的社会实践活动，以及拓宽校园文化建设。这些努力的出发点和落脚点都是为了确保学生能够全面成长，成为社会主义事业的合格建设者和可靠接班人。思想政治教育工作者应不断创新教育方式，关注学生的成长需求，以确保他们在各个方面得到充分的培养和发展，为国家的繁荣和进步做出积极的贡献。

第三，高校思想政治教育的目标不仅局限于知识的传授，更注重于促进学生的健康成长与全面发展。其核心任务在于创造有利条件，以激发学生的潜能与才华。在教育实践中，特别需要关注学生的心理健康，并加强心理健康教育的实施。通过关注学生的心理健康，教育者能更深入地理解并有效应对学生在成长过程中可能遭遇的心理困扰与挑战。这种关注不仅是对问题的应对，更强调以预防为主，致力于培养学生的自我认知能力和情绪管理技巧，帮助他们构建健康的心理状态，为未来的学习与生活奠定坚实的基础。

第四，高校思想政治教育对于学生人力资源的开发至关重要。在社会发展中，个体素质的提升尤为重要，特别是在现代化进程中。除了智力资源外，非智力资源的发展也至关重要。在这一过程中，科学管理和思想政治教育成为关键手段。人力资源开发的核心思想是激发个体的积极性和创造性，实现他们的全面发展和价值。思想政治教育不仅是传授知识和技能，更重要的是塑造学生的思想品德，激发其内在的潜能和创造力。通过这样的教育，个体能够更好地适应社会发展的需求，为国家的现代化建设和长远发展做出更大的贡献。重视思想政治教育在学生人力资源开发中的作用是至关重要的。这不仅有助于推动社会的进步，还能够为国家现代化建设提供强大的人才支持。

实现人的全面发展是马克思主义追求的根本价值目标，高校思想政治教育要以马克思的人的全面发展理论为基础，服务服从于大学生的全面发展。一是要全面认识和满足学生需要，因需利导，讲其所想，坚持科学文化和思想道德的全面教育。二是要善于丰富和利用社会关系，学生的社会关系越丰富，接触到的事物越广泛，便越能在交往中内化社会规范，掌握处理社会关系所应具备的知识和情感。要引导大学生树立正确的竞争关系和合作意识，积极投身于集体活动和社会实践，完善、充实自己。三是要重视培养和发展学生的能力，科学认识和分析学生个性，增加互动式、启发式、辩论式等灵活的教学方式，有选择、有针对性地帮助学生在共同教育的基础上实现个性发展，实现多方面、深层次的能力发展。

五、素质教育理念

素质教育的核心理念是根据学生的身心发展和社会需求，全面提升基本素质。它强调尊重学生的主体性和个性化发展，并重视培养个体的创新能力，为学习者终身学习奠定坚实的基础。这种教育特点在于其关注学习者的整体成长，致力于塑造具备创造力的个体，为其未来的学习之路提供持久的支持。

第一，爱国主义和社会主义教育。爱国主义和社会主义教育是素质教育的重要组成部分，旨在培养学生的爱国主义、集体主义和社会主义思想，以及相应的行为品质。爱国主义教育通过历史、文化、地理等多方面的知识教育，让学生了解国家的历史进程和文化传统，增强对国家的认同感和自豪感。通过开展"国旗下的讲话"、纪念日活动、历史文化考察等活动，激发学生的爱国热情，使他们从小树立报效祖国的志向。社会主义教育强调集体主义精神，培养学生的合作意识和团队精神。通过集体活动、团队项目和社会实践，让学生学会在集体中找到自己的位置，认识到个人与集体的关系，培养服务社会、奉献他人的精神。这样的教育不仅塑造了学生的思想品质，还为他们将来成为合格的社会主义建设者打下了坚实基础。

第二，培养学生以广大人民群众利益为最高标准的思想观念。培养学生以广大人民群众利益为最高标准的思想观念，是素质教育的核心目标之一。这一目标要求学生在思考问题和采取行动时，始终把群众利益放在首位，引导他们的一切言论和行动符合群众利益。高校可以通过开设社会责任课程，组织学生参与社区服务和公益活动，让他们在实践中理解群众利益的重要性。同时，通过案例分析、专题讨论等方式，使学生认识到个人发展与社会进步的密切关系，培养他们的社会责任感和公民意识。这样的教育不仅使学生在思想上得到升华，也让他们在实践中锻炼了实际能力，为他们未来的社会角色做好准备。

第三，强调党的基本路线和国情教育。使学生深入了解党的方针政策和国家情况，增强他们的国家认同感。这方面的教育包括对党史的学习、对党的基本路线的理解，以及对国家发展现状和前景的认知。通过开展党史学习教育、组织学生参观红色教育基地、举办国家发展成就展览等活动，使学生全面了解党的光辉历程和国家的巨大成就。同时，高校可以通过专题讲座、专家报告等形式，让学生了解国家的经济、政治、文化等各方面的发展现状和面临的挑战，增强他们的责任感和使命感。这种教育不仅让学生在知识上得到充实，更在情感上增强了对国家的认同和热爱。

第四，加强新时代思想理论教育。新时代思想理论教育是素质教育的重要内容，通过科学理论武装学生的头脑，引导他们适应时代发展的要求，为未来的发展做好准备。新时代思想理论包括科学发展观、创新驱动发展战略、习近平新时代中国特色社会主义思想等。这些理论教育不仅帮助学生理解国家的发展战略和方针政策，更使他们能够将理论与实际相结合，运用科学的思维方式解决实际问题。高校可以通过思想政治理论课程、组织理论学习小组、开展社会调研等方式，让学生深入学习新时代思想理论，增强他们的理论素养和实践能力。通过这样的教育，学生不仅能够适应时代发展的要求，还能在未来的发展中起到引领和示范作用。

六、社会责任感理念

社会责任感是指个体对社会的义务与责任的认识和担当，是公民素质的重要组成部分。在现代社会中，社会责任感的培养对于个人的全面发展和社会的和谐进步具有重要意义。通过有效的思想政治教育，学生能够树立正确的价值观和责任感，成为对社会有益的公民。在高校思想政治教育中，教师应通过多种途径培养学生的社会责任感。

第一，教师要引导学生关注社会问题，了解国家和社会的发展动态，增强他们的国家意识和民族自豪感。这可以通过课堂教学、专题讲座、新闻分析等方式实现。教师可以组织学生讨论当前的社会热点问题，让他们了解社会现状和面临的挑战，并鼓励他们思考解决问题的办法。通过这种方式，学生不仅能提高对社会的关注度，还能增强分析和解决问题的能力，培养他们对社会发展的责任感。

第二，教师要鼓励学生积极参与社会实践活动，例如环保活动、公益活动等，让他们在实际行动中体验社会责任的重要性。高校可以组织各种形式的志愿服务活动，例如社区清洁、敬老院慰问、植树造林等，让学生在实践中体会到自己的努力对社会的积极影响。同时，高校应与社会各界合作，搭建学生参与社会实践的平台，提供更多的实践机会。通过这些活动，学生不仅能增强社会责任感，还能培养团队合作精神和实际动手能力，为将来更好地服务社会做好准备。

第三，教师还应注重培养学生的公民意识，教育他们遵守法律法规，尊重他人权利，履行公民义务。公民意识的培养是社会责任感教育的重要内容。教师应通过法治教育、道德教育等方式，使学生了解和掌握基本的法律知识，认识到遵守法律是每个公民应尽的责任。同时，教师还应引导学生尊重他人的权利，理解并践行社会公德，增强他们的社会道德感和责任感。通过各种形式的教育活动，例如模拟法庭、道德讲堂等，增强学生的法律意识和道德观念，培养他们成为守法、诚信、有责任感的公民。

第四，高校应营造良好的校园文化氛围，使社会责任感教育融入日常的教育教学活动中。校园文化是影响学生行为习惯和价值观念的重要因素。高校可以通过开展各种主题教育，例如"责任月"活动、社会责任感主题班会等，形成浓厚的社会责任感教育氛围。同时，高校应注重教师的榜样作用，教师的一言一行对学生有着潜移默化的影响。通过教师的示范作用，学生能更好地理解和践行社会责任。

第二节　高校思想政治教育的内容和任务

一、高校思想政治教育的内容

2004 年 10 月 14 日，中共中央、国务院发出《关于进一步加强和改进大学生思想政治教育的意见》（以下简称《意见》）。《意见》强调，大学生是十分宝贵的人才资源，是民族的希望，是祖国的未来。《意见》指出，要加强和改进大学生思想政治教育，提高他们的思想政治素质，把他们培养成中国特色社会主义事业的建设者和接班人，对于全面实施科教兴国和人才强国战略，确保我国在激烈的国际竞争中始终立于不败之地，确保实现全面建设小康社会、加快推进社会主义现代化的宏伟目标，确保中国特色社会主义事业兴旺发达、后继有人，具有重大而深远的战略意义。大学生思想政治教育内容是依据国家培养人才的目的、任务以及大学生精神世界的发展需要确定的，具有丰富性和广泛性等特征。

（一）道德规范教育

道德规范教育旨在引导学生树立正确的道德观念，培养良好的道德品质，形成高尚的道德情操，为其全面发展奠定坚实的道德基础。道德规范教育的内容涵盖了多个方面，包括社会公德、职业道德、家庭美德和个人品德等。在社会公德方面，教育引导学生遵守社会公共秩序，维护社会公共利益，形成文明礼貌、助人为乐的良好风尚。在职业道德方面，教育着重培养学生的职业素养和道德责任感，使其在未来的职业生涯中能够秉持诚信、敬业、公正的原则。在家庭美德方面，教育引导学生树立正确的家庭观念，弘扬尊老爱幼、男女平等、夫妻和睦、勤俭持家、邻里团结的家庭美德。在个人品德方面，教育则注重培养学生的自律意识、诚信品质和责任感，使其能够成为具有高尚道德情操的优秀人才。

（二）爱国主义教育

爱国主义教育旨在引导学生树立正确的国家观和民族观，培养其深厚的爱国情感和民族精神，使其能够自觉地为国家的繁荣富强和民族的伟大复兴而努力奋斗。爱国主义教育的内容涵盖了多个方面，包括国家历史、民族文化、国家象征、国家安全等。在高校思想政治教育中，爱国主义教育首先注重引导学生深入了解国家的历史和文化，使其认识到中华民族的悠久历史和灿烂文化，从而增强民族自豪感和文化自信心。同时，教育还着重培养学生的国家意识和民族意识，使其能够自觉维护国家的统一和民族的团结，反对任何形式的分裂和破坏行为。

（三）理想信念教育

"理想是主体对真、善、美最完美的、没有任何缺陷的想象和自觉追求，理想信念教育是学校思想政治教育的核心和主题。"[①] 理想信念教育处于大学生思想政治教育工作的首位，属于核心地位，起到"灵魂"的作用。

大学生理想信念教育在培养高素质人才和推动社会进步方面具有重要意义。作为新一代的社会主义建设者和接班人，大学生的理想信念教育对于塑造其健康积极的人生态度、增强其社会责任感、培养其创新精神与担当精神具有重要影响。

第一，大学生理想信念教育有助于塑造积极人生态度。理想信念是人们对美好未来的价值追求和信仰，它能够激励大学生产生积极向上的生活

---

① 何淑贞．学生理想信念教育探析 [J]．教师博览（科研版），2013（2）：5.

态度。通过对大学生进行理想信念的宣传和教育，能够引导他们树立正确的世界观、人生观、价值观，培养他们对社会进步和自身发展的追求，从而激发他们积极向上的人生态度。

第二，大学生理想信念教育有助于增强社会责任感。大学生是社会的一部分，他们拥有着为社会做出贡献的权利和义务。理想信念教育能够引导大学生树立正确的价值观和责任观，使他们认识到自己是社会发展的一员，应当积极参与社会实践，关心国家和民族的前途命运，主动承担社会责任，推动社会进步。

第三，大学生理想信念教育有助于培养创新精神与担当精神。理想信念教育能够启迪大学生的思维，激发他们对知识的探求和创新的意识。通过培养大学生对未知领域的好奇心和探索欲，使他们能够提高创新的能力和解决问题的能力。同时，理想信念教育还能够引导大学生树立正确的担当意识，使他们在面对困难和挑战时能够坚持不懈、奋发向上，勇于承担责任。

（四）自强不息教育

自强不息教育，顾名思义，就是教育学生要具有自强不息、奋发向上的精神风貌。这一教育内容不仅涵盖了传统文化中的自强不息精神，还结合了现代社会对于人才素质的新要求，旨在培养学生的独立性、自主性和创新性。自强不息教育的意义在于，它能够帮助学生树立正确的自我认知，明确自己的人生目标和价值追求，从而在面对困难和挑战时能够保持坚定的信念和昂扬的斗志。在高校思想政治教育中，自强不息教育具有特别重要的地位。一方面，它有助于学生形成积极向上的人生态度，使他们在面对学业、就业等压力时能够保持坚韧不拔的精神状态；另一方面，自强不息教育还能够激发学生的内在潜力，培养他们的创新意识和实践能力，为他们的未来发展奠定坚实的基础。

（五）国家安全教育

国家安全教育旨在增强大学生的国家安全意识，提高他们维护国家安全的能力和责任感，确保他们在未来的社会生活和工作中能够自觉践行国家安全法律法规，成为国家安全的坚定维护者和积极促进者。

国家安全教育包括向学生阐述国家安全的整体性、综合性、动态性等特点，以及传统安全与非传统安全威胁的区分，使学生理解国家安全不仅仅是军事或政治层面的安全，还涉及经济、文化、社会、信息、生态等多个领域。教育内容应着重于国家安全法律法规的学习与普及。通过系统讲解相关法律法规，增强学生的法治观念，明确维护国家安全是每个公民的义务和权利，引导学生学会运用法律武器来识别和抵制危害国家安全的行为。

国家安全教育还应包括国家安全形势与政策的教育，结合当前国际形势和国内发展实际，分析国家安全面临的挑战与机遇，使学生认识到维护国家安全的紧迫性和重要性，同时了解并支持国家为维护安全所采取的政策措施。

此外，培养学生的国家安全实践能力也是重要一环。通过组织模拟演练、案例分析、专题讲座等形式多样的教学活动，提高学生的风险识别、应急处理和信息甄别能力，使他们在面对复杂多变的国家安全问题时，能够做出正确判断并采取有效行动。

二、高校思想政治教育的任务

高校思想政治教育的主要任务是一个多维度、深层次的教育实践课题，它关乎培养什么样的人、为谁培养人以及怎样培养人的根本问题。在新时代背景下，这一任务显得尤为重要且紧迫，它不仅承载着传承与发展社会主义核心价值观的使命，还肩负着引导学生树立正确世界观、人生观、价值观的重任。

（一）铸就精神之钙

高校思想政治教育的首要任务是铸就学生的精神之钙，即培养学生的理想信念和道德品质。这一任务要求高校通过系统的思想政治教育，引导学生树立正确的世界观、人生观和价值观，坚定对马克思主义的信仰、对社会主义和共产主义的信念。同时，还需注重培养学生的爱国主义情怀、集体主义精神和社会责任感，使他们成为有理想、有道德、有文化、有纪律的社会主义建设者和接班人。为了实现这一目标，高校思想政治教育应不断创新教学方法和手段，将理论与实践相结合，使学生在学习和实践中不断锤炼和提升自己的思想品德。

（二）塑造学生全面发展的人格

高校思想政治教育承担着塑造学生全面发展的人格的重要任务。这一任务要求高校在思想政治教育过程中，不仅要关注学生的思想道德素质，还要关注他们的科学文化素质、身心健康素质和创新能力素质等多方面的发展。为了实现这一目标，高校思想政治教育应坚持以人为本的教育理念，尊重学生的个性差异和主体地位，激发学生的内在潜力和创造力。同时，还应注重培养学生的批判性思维、创新意识和实践能力，使他们具备适应社会发展所需的综合素质和能力。此外，高校还应积极开展心理健康教育，关注学生的情感需求和心理健康状况，为他们提供必要的心理支持和辅导。

（三）帮助学生适应社会发展需求

随着社会的快速发展和变革，高校思想政治教育的重要任务之一是帮助学生适应社会发展需求。这不仅意味着教育需要与社会发展紧密相连，使学生具备适应未来社会所需的知识和技能，更要求教育能够引导学生关注社会动态，了解国家政策和发展方向，培养他们的社会责任感和使命感。为此，高校思想政治教育应积极调整课程设置和教学方法，注重提升学生的实践能力和创新能力，使他们能够在未来的职业生涯中灵活应对各种挑战和变化，成为推动社会进步的中坚力量。

（四）构建学生健康的心态

构建学生健康的心态是高校思想政治教育不可忽视的重要任务。在日益复杂的社会环境中，学生面临着来自学业、就业、人际关系等多方面的压力和挑战，心理健康问题日益凸显。因此，高校思想政治教育应高度关注学生的心理健康状况，积极开展心理健康教育活动，通过心理辅导、心理咨询等方式，帮助学生建立正确的自我认知，培养积极向上的生活态度和价值观。同时，教育还应引导学生学会情绪管理，有效应对各种心理困扰和挑战，保持健康的心态和稳定的情绪状态，为他们的全面发展奠定坚实的基础。

（五）拓宽学生的全球化视野

在全球化日益加速的今天，拓宽学生的全球化视野成为高校思想政治教育的又一重要任务。这意味着教育需要超越国界和文化的限制，培养学生的国际意识和跨文化交际能力，使他们具备在全球化环境中生存和发展的能力。为此，高校思想政治教育应积极引导学生关注全球性问题，例如环境保护、和平发展等，培养他们的国际责任感和合作精神。同时，教育还应提供多样化的国际交流机会和平台，让学生有机会接触不同文化和思想，拓宽他们的视野和思维方式。通过这样的教育，学生可以更好地适应全球化的社会环境，成为具有国际竞争力和全球视野的高素质人才，为推动世界的和平与发展做出积极贡献。

第三节　高校思想政治教育的价值与发展

一、高校思想政治教育的价值

"思想政治教育价值作为一个系统，如果结构失衡，必然会影响功能的发挥，从而影响教育的效果。"[①]思想政治教育的价值结构涵盖高校思想政治的个体价值、集体价值与社会价值。

（一）个体价值的实现

1. 教师个体价值的实现

教师个体价值的实现是一个多维度、多层次的发展过程，它不仅关乎教师自身的职业成长与自我实现，也直接影响教育教学的质量和效果，乃至学生全面发展的成效。

---

① 王丽 . 思想政治教育价值结构失衡及对策探讨 [J]. 湖北社会科学，2017（7）：194.

从专业发展的角度来看，高校思想政治理论课堂是教师展现其学术造诣、教学艺术和个人魅力的舞台。通过深入研究马克思主义理论、党的方针政策以及社会主义核心价值观等，教师能够不断深化自己的专业知识，提升理论素养，进而在教学实践中创新教学方法，优化教学内容，使理论教学更加贴近学生实际，增强教学的吸引力和感染力。这一过程本身就是教师个体价值在专业领域内的深度体现和不断增值。

教师个体价值的实现在于其作为"人类灵魂工程师"的角色担当。高校思想政治教育不只是知识的灌输，更是情感的交流、价值观的引领和人格的塑造。教师通过言传身教，用自己的道德情操、理想信念影响学生，帮助他们树立正确的世界观、人生观和价值观，激发其爱国情怀和社会责任感。当学生因教师的引导而成为社会有用之才，教师的职业成就感和个体价值感将得到极大的满足和提升。

教师个体价值的实现还体现在其作为社会成员的贡献上。高校教师通过参与社会服务、科学研究等活动，将学术研究与社会实践相结合，为解决社会问题、推动社会进步贡献力量。特别是在思想政治教育领域，教师通过研究成果的转化应用，促进社会主义精神文明建设，增强民族文化自信，这样的社会价值创造无疑是对教师个体价值的广泛认可和高度体现。

教师个体价值的实现是一个持续自我反思与成长的过程。在高校思想政治教育的实践中，教师需不断反思教学理念、方法和效果，积极面对挑战，勇于改革创新，以实现自我超越。这种不断追求专业精进和人格完善的态度，不仅促进了教师个人的全面发展，而且为学生的成长树立了良好的榜样。

2. 学生个体价值的实现

（1）学生个体的政治素质

学生个体的政治素质是其综合素养的重要组成部分，涵盖了政治立场、政治信念、政治态度和政治水平等多个方面。这些要素不仅决定了学生的政治认同感和价值取向，还会对其社会责任感和公民意识的形成产生深远影响。提升学生的政治素质是思想政治教育的核心任务，需要从多方面入手，采取系统化、科学化的教育方法。

政治立场是学生政治素质的基础。政治立场决定了学生在政治事件和社会问题面前的态度和行为取向。通过思想政治教育，培养学生坚定的政治立场，使其能够在复杂的社会环境中明辨是非，保持正确的政治方向。

政治信念是政治素质的重要组成部分。政治信念是学生对特定政治体系与政治理念的深刻认同和坚信不疑的态度。通过系统的理论教育和实践教育，能够引导学生树立科学的世界观、人生观和价值观，增强其对中国特色社会主义道路的信心，坚定其对党的领导和国家发展的信念。

政治态度是学生对政治事务和政治参与的主观态度，直接影响其参与政治活动的积极性和主动性。思想政治教育应通过多种形式，例如课堂教学、社会实践、主题活动等，激发学生对政治的兴趣，增强其政治参与意识，培养其积极健康的政治态度。

提升学生的政治水平是思想政治教育的最终目标。政治水平包括学生对政治理论的理解程度、分析和解决政治问题的能力，以及其在实际政治活动中的表现。通过加强对政治理论的学习和讨论，可以培养学生的政治分析能力和实践能力，使其能够在未来的社会生活中成为有责任、有担当的公民。

（2）学生个体的智能素质

智能是思想政治教育中个体价值实现的重要个性心理特征，是全面开发和培养个体人才的基本因素。在思想政治教育过程中，必须重视对学生智力素质的开发。智力素质指在思想政治教育价值实现中表现出来的各种能力，包括观察能力、注意能力、记忆能力和思维能力。

观察能力是通过感觉器官进行有意识、有计划的知觉活动，以捕捉事物的典型和本质特征。在个体价值实现中，培养观察能力对于获得感性材料和收集基本信息至关重要，包括明确观察目的，将注意力集中在实现主题上；进行精细观察，关注新现象，避免视而不见；要敏于观察，以敏锐的感知力认识思想品质的变化，深刻理解事物的本质。通过明确目的、精细观察和敏于观察，个体可以有效提升观察能力，这对于实现个体的价值具有重要意义。

注意能力是指大脑通过感觉器官对客观事物与信息进行集中和选择的能力。这种能力在个体成长过程中至关重要。良好的注意力与学习品质相辅相成，对于取得良好的学习成果至关重要。在个体价值实现的过程中，注意力的重要性更为凸显。良好的注意力有助于个体获取必要的思想政治品质和相关知识，为实现个体价值奠定基础。为了培养这一关键能力，创造良好的学习环境至关重要。这种环境能够促进个体集中注意力，为其学习和成长提供有利条件。提供适当的思想政治教育内容也是关键所在。这些内容应该具有吸引力，能够引起学生的兴趣和注意，从而使他们更加专注于学习和体验。在个体价值实现的道路上，全面开发和培养注意力是至关重要的。只有通过创造良好环境和提供相关内容，才能有效地培养个体注意力，从而为实现个体价值做出积极的贡献。

记忆能力是大脑对经历过的信息进行储存和再现的能力，相当于知识的仓库。在思维活动中，记忆能力起着特殊的储存信息作用，为思维提供原料。全面培养良好的记忆力对于学生接受、回忆和转化知识至关重要。加强记忆力的锻炼包括明确学习目的和充分理解材料。提高个体对记忆内容的兴趣，并让多种感官参与记忆活动，也是有效的培养策略，可以为个体的学习和发展提供有力支持。

思维能力是指借助言语间接地概括反映客观事物本质和规律的能力。尽管人们同时具备多种思维能力，但通常会有一项能力占据主导地位，而创造性思维能力则是多种思维能力的有机结合。在个体价值实现的过程中，强大的思维能力至关重要。这种能力可以用于判断政治立场、分析事物的性质特征，从而促进个体价值的实现。全面培养学生的思维能力包括对其进行形象思维、抽象思维和创造思维等方面的培养。通过这种全面的培养策略，学生才能充分发挥自身潜力，成为具备判断力和创造力的个体，更好地实现个体的价值。

（3）学生个体的道德素质

道德素质是个体道德认识和行为水平的综合体现，包括道德修养和道德情操，其提高对学生思想政治教育的实现至关重要。提升学生的道德素质是思想政治教育价值实现的关键。通过对学生进行思想政治教育，可以培养学生良好的道德观念，确立其社会主义道德观念，涵盖社会公德、职业道德和家庭美德。这种道德观念要求诚实守信。思想政治教育旨在塑造符合社会主义道德规范的个体，体现基本道德原则。

（二）集体价值的实现

思想政治教育的价值实现理论中的集体价值实现理论联结了社会和个体价值理论，扮演着至关重要的角色，为价值实现理论提供了完善的框架。

在集体中，人们相互影响，追求着共同目标。思想政治教育的价值有时通过集体表现来满足集体的发展需求，使成员朝着共同目标努力。思想政治教育在促进集体发展方面起到了积极作用。它满足了集体的需求和价值追求，增强了集体的凝聚力和向心力，推动了集体朝着共同目标前进。这体现了思想政治教育对塑造集体精神和增强凝聚力的重要性，也为集体的共同发展提供了坚实支撑。

1. 增强集体凝聚力

思想政治教育在长期革命实践中验证了其团结和凝聚人民群众力量的作用。

第一，思想政治教育在强化集体认知方面扮演着关键角色，让个体认识到了自身与社会的紧密联系，从而实现个人价值。通过接受教育，个人逐渐认同集体的价值观和行为准则，规范着自身在集体中的行为。思想政治教育助力制定集体共同的科学规划，确立共同发展目标。这一过程可以促进集体间价值共识和行为规范的形成，有助于集体团结，实现共同发展。

第二，思想政治教育通过培养个人对集体的认同、归属和荣誉感，建立了健康的集体心理，激发了个体与集体的紧密联系。个体自觉将个人利益与集体利益融合，共享集体荣辱。思想政治教育深化了集体情感，使个体为集体的利益和荣誉而奋斗，实现了个体与集体的高度一致。

第三，思想政治教育通过引导思想意识来塑造行为习惯，促使集体成员形成荣誉感和责任感，并维持集体的忠诚、自信和自豪感。思想政治教育的核心作用在于巩固集体信念，使集体成员朝着共同目标前进，激励他们自我约束，确保行为符合集体利益。

2. 实现集体目标

个人的成长和价值实现是社会和集体共同努力的结果，社会的进步也离不开个人和集体的贡献。思想政治教育的职责在于引导人们妥善处理个人、集体和社会之间的关系，将集体目标与社会建设目标相统一，推进集体的科学发展。集体所设立的目标必须得到全体成员的认同，这样才能有效地激励每个个体为之奋斗，促进集体目标的达成。思想政治教育通过广泛宣传，让人们深刻认识到集体目标的重要性，并引导他们用辩证和发展的眼光看待这些目标，使个人的志向与集体目标保持一致。思想政治教育在实现集体目标的过程中发挥着至关重要的作用，促进着集体目标的科学实现和社会的持续进步。

思想政治教育对集体成员的影响是全面的，它使个人情感更加明显，提升了情感充沛度，改善了人际关系，激发了积极情感，抑制了消极情绪。它还引导成员在情感和组织上更积极向上。这种介入使集体成员更容易将集体目标融入个人目标，凝聚了集体力量，可以更有效地实现集体目标。

3. 消解集体矛盾

集体主义教育关注个人与集体的关系，以及对他人的理解与包容，促进成员间的团结合作。思想政治教育采用多种方式解决内部矛盾，提升成员关系融洽度。二者共同致力于解决内部问题，促进团结协作，增进集体的和谐与团结。

第一，思想政治教育在营造集体氛围方面扮演关键角色，需要对成员进行认识与了解，并及时解决问题，进行正面引导。集体领导者和群众在舆论形成中起到重要作用，可利用舆论导向，并融入思想政治教育内容，增强其感染力。思想政治教育通过这些手段营造了积极向上的集体氛围，有助于集体的健康发展。

第二，思想政治教育需要建立平等的沟通交流平台，可采用直接交流、座谈会等方式促进思想和意见的交流，分享感受。通过这种平等的交流方式，双方能够自由交流，增进感情，有助于解决问题。

第三，思想政治教育注重集体成员的心理状态，通过处理人际关系、保持心理平衡，可以避免竞争造成的认知偏差。了解集体成员的思想，有助于制定和完善政策，兼顾其意愿。思想政治教育在维护良好的干群关系、减少认知偏差方面发挥着重要作用，为政策制定提供清晰参考，更好地满足集体成员的需求。

4. 创造集体文化

集体文化是由全体成员共同努力形成的成果，涵盖物质和非物质层面。通过学习，集体成员得以传承和发扬集体文化。思想政治教育在集体文化的建设与发展中起着重要作用，既传承集体文化，激励成员不懈努力，又在学习过程中促进集体文化的传承和发展。

第一，集体成员的行为受规章制度的约束，他们认同规章制度与自身利益息息相关。贯彻规章制度有助于提升成员的物质生活水平。为实现全体成员的利益和提升生活水平，需要帮助他们认同并遵守集体的规章制度，并不断完善执行过程。

第二，思想政治教育对于个人的思想具有塑造作用，通过统一集体成员的价值追求，树立正确的价值观，可以增强集体文化的生命力和凝聚力。通过强化集体文化中的代表性元素，例如集体仪式和象征物，思想政治教育有利于塑造更好的集体形象，增进了集体成员的凝聚力和认同感，有助于促进集体的持续发展。

（三）社会价值的实现

思想政治教育通过将社会经济、社会文化要素融入教育过程从而构建思想政治教育的社会价值。"社会主义和谐社会构建与高校思想政治教育价值实现有着辩证统一的关系。"① 思想政治教育通过影响社会的经济和文化，展现出对社会各方面的价值，体现了其社会价值形态。

1. 社会经济价值的实现

思想政治教育活动通过创造经济价值来促进社会发展和经济增长，满足人类的精神和物质需求。通过正确的理论指导，思想政治教育能够为经济建设提供动力。这种教育不仅支持经济发展，还在满足人类需求的过程中发挥关键作用。

（1）确保市场经济的发展方向

在社会主义制度下，市场经济是市场机制和社会主义制度的结合体。社会主义市场经济的发展对市场经济本身具有重要意义。正确的思想政治教育是确保市场经济朝着社会主义方向发展的关键。通过教育，人们能够认识到经济制度的必然性和合理性，培养出规范意识和正确的效率观念，从而推动经济建设。教育不仅是传授知识，更引导人们树立正确的思想观念，促进社会各方面的发展。这种教育能够让人们意识到社会主义市场经济的优越性，并在行动中积极投身于经济建设，从而为社会主义发展提供持续的动力。思想政治教育的目的不仅在于塑造个体的思想，更在于引导整个社会的思维模式，推动社会主义制度下市场经济的健康发展，确保市

---

① 汤恺.论和谐社会构建与高校思想政治教育价值的实现[J].学校党建与思想教育（高教版），2008（7）：20.

场经济与社会主义核心价值观相辅相成。通过正确的教育引导，人们能够理解和认同社会主义市场经济的重要性，自觉地将个人行为融入社会主义经济建设的大局中，推动经济稳步发展。

（2）推动社会发展的精神动力

思想政治教育作为社会发展的内在精神动力，深刻影响着人们的观念和行为。在生产领域，人是主力，是推动生产力发展的主要力量之一。当代中国以发展为首要任务，意味着科技进步和劳动者素质的不断提升至关重要。特别是人才的培养和利用，成为促进生产力和社会进步的关键因素，只有全面发展人才，使其成为先进劳动者，才能有效地推动生产力的进步和社会的发展。思想政治教育的作用不仅在于使人们拥有正确的思想，更在于培养人才、提升素质，以此推动社会生产力和经济的发展。

劳动者的全面发展涉及多个方面的素质。他们需要具备先进的劳动技能和科学文化基本素养，这是直接体现在劳动者身上的要素。劳动者的道德品质和思想政治素养虽然不直接可见，但会通过直接和间接的方式反映到生产力上。劳动者的社会责任感和事业心也是至关重要的，它们作为非智力因素，对提升劳动者的精神动力具有重要影响。这些因素共同构成了劳动者素质的综合体，对于推动生产力发展和确定其发展方向具有深远意义。

思想政治教育对个体的品德和政治素质的塑造有着直接的作用。通过灌输教育内容，劳动者的创造性和积极性被唤起，为生产力的发展提供了源源不断的动力。这种教育也会对社会结构产生深远影响，通过促进生产力的发展，使生产关系得以与时俱进，更好地适应现代社会的需求。在改革的过程中，难免会遇到各种挑战和风险。中国特色社会主义的发展道路为改革者提供了坚实的信心和动力，鼓励他们积极投身改革运动。正是这种信心和动力的支撑，推动了人们全力以赴地参与改革，从而促进了生产力的进步和解放。

（3）提供社会经济的发展环境

国家的经济增长不仅是数字上的增长，更重要的是它保障了国家为人民提供经济商品的能力。这种能力的实现取决于技术的进步和意识形态的完善。全球经济的变化不仅影响着人们的生产生活方式，也在潜移默化中影响着人们的思想观念和价值观念。在这样的背景下，新思潮的涌现会深刻地影响国家的意识形态。必须严格审查意识形态宣传教育，以免新思潮的出现干扰了意识形态教育，从而影响国家社会主义现代化建设的进程。维护国家意识形态的稳定和纯洁是当前和未来发展中的重要任务之一。

社会的稳定与和谐是社会环境长足发展的关键。思想政治教育通过意识形态教育创造了良好的社会舆论氛围和精神氛围，为社会的稳定与和谐提供了有力支持。这种社会稳定也促进了良好的社会风气的形成，推动了市场经济的健康发展。思想政治教育使学生能够以辩证的、全面的态度看待经济问题，并树立起科学发展观念，为经济和社会的可持续、科学发展奠定基础。在思想政治教育的教学内容中，总结出了方法论和指导思想，帮助人们逐步形成对经济进步的正确认识。这样的教育助力着人们逐渐形成良好的社会心理环境和道德环境，为社会的长期稳定和健康发展提供了有力的支持和保障。思想政治教育在塑造社会发展的过程中扮演着至关重要的角色，它的作用不仅体现在个体意识形态的塑造上，更关乎整个社会的稳定和可持续发展。

2. 社会文化价值的实现

思想政治教育在满足人民文化需求、促进文化发展方面具有重要价值。作为社会意识形态的关键组成部分，它是不可或缺的，是需要实践的文化活动。特别是在高校，思想政治教育的文化价值更为显著，主要体现在促进社会主义文化发展、增强国家软实力、建设文化强国等方面。通过这种教育，可以培养学生的文化素养，提升他们的国家意识，为社会主义文化事业的推进提供坚实支持。

（1）促进文化选择

思想政治教育在文化选择方面展现出双重作用，即正面的选择和反面的排斥。正面选择体现在吸收积极的文化，筛选与思想政治教育价值观相符的内容，丰富教育内容并持续弘扬。反面排斥则针对与思想政治教育导向不符的内容，抵制有害的劣质文化，以此推动思想政治教育的发展。这种双重作用促进了思想政治教育的进步与完善。通过积极吸收和持续弘扬符合其价值观的文化内容，对与其价值观不符的内容进行排斥，思想政治教育得以不断发展壮大。这一过程不仅推动了教育内容的更新与优化，也为思想政治教育的有效实施提供了坚实基础，促进了整个社会的健康发展。

文化的重要性体现在其主流和非主流形式上，并对社会发展起着重要作用，但也存在着糟粕。无论文化呈现何种形态，只要与思想政治教育目标一致，就应该积极选择和吸收，促进其积极发展。对于与思想政治教育背道而驰的消极文化，应坚决抵制或批判，以维护教育的纯洁性和先进性。我国社会主义文化的繁荣和发展与思想政治教育的推动密不可分。思想政治教育在文化发展中扮演着关键角色，积极选择和吸收符合其目标的文化，以及抵制消极文化，有助于保持教育的纯洁性和先进性。这种做法推动着我国社会主义文化的繁荣与发展，从而促进社会的进步和稳定。

为了建设文化强国，思想政治教育应不断取长补短，筛选、吸收各种文化中的有益内容，以开放的姿态面对各种文化，积极吸收传统文化的精华。在借鉴他国文化时，应保持批判性思维，加以创造性转化。这种方法能有效实现各种文化因素的继承和利用，为我国的文化建设提供强有力的支持。

（2）促进文化传播

高校思想政治教育是一种传递思想观念、政治观点、道德规范的文化传播过程。通过思想政治教育，学生可以接受到主导社会文化发展的价值观，养成符合社会发展需要的行为习惯，并塑造符合社会发展观念的政治态度、观点、信仰、情感和行为。高校思想政治教育以特殊的文化传播方式引导学生形成符合社会发展需要的态度和行为。在这个过程中，教育与学习相互交融、相互影响，共同构成了思想政治教育的完整过程。这一过程不仅是知识的传授，更是对学生全面发展的培养，提高了他们的社会责任感和参与感，有助于培养具有创新精神和社会责任感的人才，推动社会进步和文明发展。

（3）促进文化渗透

思想政治教育通过统治阶级的意识形态来塑造社会文化观念，传播符合阶级目标的道德和文化观念。它弘扬主流文化，使之在各种社会亚文化中产生更大影响，从而促进社会的全面发展。这种教育融合了马克思主义和中华优秀传统文化，还汲取了世界优秀文化的精华，具有包容性和多样性。思想政治教育不仅传播主流文化，而且吸纳亚文化中的优秀内容，抵制落后思想，促进主流文化的发展。这种教育方式契合当前时代特点，以人民为中心，具有鲜明的中国特色，为引领社会文化的前进、推动社会的进步发挥了重要作用。文化渗透功能将主流文化传播到亚文化中，不仅促进了文化的多样性和包容性，也为社会的稳定与繁荣提供有力支撑。

（4）促进文化创造

思想政治教育通过文化创造，引导文化朝正确方向发展。文化是民族的灵魂，承载着民族认同和国家认同，同时是凝聚力、创新力和发展力的基础。在全球化背景下，市场竞争已超越经济，转变为文化之争。思想政治教育在塑造和引导文化发展方面扮演着至关重要的角色，以确保文化的符合性和民族的独特性。

思想政治教育在社会发展中扮演着多重角色。它对培养创新型人才和激发人民群众参与社会建设至关重要。教师在传授思想政治观念时，要紧密结合社会实际，吸收并传播优秀文化，同时抵制落后思想，确保与社会主义核心价值观一致。思想政治教育的丰富理论知识内容和完善文化体系也对社会文明发展起到积极推动作用。最重要的是，它在教育学科中独具特殊性，不仅影响着人们的生活方式和价值观念，还能改善行为习惯，进而更新人类文化结构。思想政治教育为社会主义核心价值观的传承与创新提供了坚实基础，同时在推动人才培养、社会建设和文化发展等方面发挥着重要作用。

二、高校思想政治教育的发展

（一）精细化发展

精细化发展是指高校思想政治教育在理念、内容、方法、手段等方面实现精细化、科学化管理，以提升教育的针对性和实效性。这一发展路径旨在适应新时代大学生思想行为特点，强化思想政治教育的引导力和感染力。精细化发展对于培养德、智、体、美、劳全面发展的社会主义建设者和接班人具有重要意义。

精细化概念涵盖了对思想政治教育的方方面面进行详细分类，更深入地了解目标、内容、对象、载体和方法。在工作目标方面，宏观目标是培养符合社会主义核心价值观的合格建设者和可靠接班人；中观目标则是着重于培养具有高校特色的高素质人才；在微观层面的工作推进中，教师需要逐项推动工作，将宏观和中观目标逐步细化和分解，以确保工作的系统性和全面性，更好地实现思想政治教育的各项目标。

1. 细分工作领域

思想政治教育内容在垂直方向上，分为精神空间、网络空间和网下空间。

在精神空间，教师需注意学生的思想和心理状态，帮助他们树立社会主义核心价值观，培养他们拥有健全人格，并及时关注有心理问题的学生。

在网络空间，教师承担着引导学生正确使用网络的责任，旨在培养学生拥有良好的上网习惯和注重网络文明，防止学生沉迷于网络，密切关注学生的网络活动状态，及时发现并解决问题。教师还负责监管网络舆情，了解学生在网络上的行为表现，并采取必要措施确保学生健康上网，维护网络空间的良好环境。

在校园内，网下空间包括各种思想政治教育、科技创新和校园文化活动等。这些不同领域的思想政治教育工作需要进一步的细分，以更好地达到预期效果。鼓励教师根据自身的专业知识和兴趣，结合工作职责，在某一特定领域或板块上实现专业化发展，这种"术业专攻"的方式有助于提高教育工作的质量和效果，使教师更好地应对不同领域的挑战和需求。

2. 细分工作对象

在服务学生全面成长的过程中，对服务对象进行细分是至关重要的。这种细分涉及不同学生群体、需求和发展阶段的分类指导，以及因材施教的实施，以满足不同个体的成长需求。在校园环境中，学生可以根据学习阶段的不同划分为本科生与研究生、新生与毕业生、高年级与低年级学生群体。一些特殊群体，例如经济困难群体、学习困难群体、就业困难群体、心理弱势群体、网络依赖群体等，也需要特别关注。考虑到学生的社会经济背景、成长环境和经历会导致其思想、心理和行为方面的差异，有必要分析学生的特质，包括兴趣、爱好、心理状态、个性特征等。通过深入分析学生的行为、观念特征，可以更好地了解他们的需求，从而开展更深入、更有针对性、更有效的思想政治教育工作。

在思想政治教育工作中，所谓的"特殊"学生并非是对学生价值的评判，而是一种根据工作内容和要求产生的分类方法。教师在实践中必须严格遵守保密原则，保护学生的个人隐私。应该避免公开使用"特殊学生"等标签，以免引发他人对这些学生的歧视和偏见。

在思想政治教育中，工作目标因个体差异而异。学习优秀的学生需要拓展知识面，学业困难的学生则需提升自信心和找到适合的学习方法。根据不同年级学生的特点，工作重点也有所不同。大一新生需要进行校史教育，大二学生应关注理想信念、道德和职业规划，大三学生需关注个人定位和情感健康，大四学生则聚焦于职业道德教育。教师应善于抓住工作重点、找准问题关键，根据实际情况制订合理工作计划。在日常工作中，教师应灵活开展工作，确保工作目标与实际情况相符。

在工作领域与对象细分的基础上，教师需要考虑工作对象的特点，以确保工作的有效性。他们坚持"做精、做细、做实"的原则。特别是在学生职业发展与教育方面，他们对不同年级的学生进行阶段性职业教育，以满足其成长阶段的需求。针对学生的不同就业取向、就业能力和就业难易度等情况，教师会进行细分，有针对性地进行辅导，帮助他们更好地规划和实现职业发展目标。

（二）个性化发展

个性化教育的概念强调了个体差异，通过满足个体需求形成独特状态。在思想政治教育中，应通过综合调查、研究和诊断，根据个体的性格、兴趣、爱好、现状和预期等特征，量身定制教育方案。其目的在于促进思想政治教育更好地为学生所接受、认同并转化为行动，以满足其需求和期待。

当代学生思维活跃，具有独立性、多变性和差异性。他们在网络语言中常使用"原创""转载"等词汇，这体现了他们爱好展示、性格各异的特点。教育者必须认识到学生的多样性，尊重其个性。学生受到家庭和社会等多种因素的影响，导致他们的成长轨迹、性格特征、兴趣爱好和价值取向各不相同。在思想政治教育中，应该具体问题具体分析，避免"一刀切"的做法，强调了解学生的新期待和新需求，尊重个体差异，挖掘个性潜能，激发个性特点，并且注重实际效果的提升。这种个性化的教育方法能够更好地满足学生的需求，提高思想政治教育的针对性和实效性。

1. 尊重主体精神

教育的核心在于参与其中的人，即教育的主体。在思想政治教育中，注重个性化发展至关重要，其中主体的主体性即主体精神尤为重要。在中国语境下，主体性、主体精神、主体地位、主体价值等词汇通常意义相近，均强调对主体的尊重和主体的主动作用。这些概念的共同点在于强调个体的独立性和价值，以及对其意见和需求的重视。在思想政治教育中，要真正实现个性化发展，就需要深入理解并贯彻主体精神，充分尊重每个参与者的个体差异，激发其积极性和创造性。

人被视为主体，因为他们能够有意识地控制和驾驭自然、满足社会需求。主体在实践中扮演着参与者的角色，对教育活动起着重要作用。在思想政治教育中，学校、教师、学生、家长和社会等都是主要的参与者。在这些参与者中，教师和学生的互动最为频繁。思想政治教育强调学生和教师的主体性，突出他们在教育活动中的作用和责任。这意味着学生和教师应当积极参与和主导教育过程，同时理解、尊重彼此的角色和责任，以实现思想政治教育的有效开展和目标达成。

在高校的思想政治教育中，强调主体精神意味着教师和学生都应该积极参与，并充分发挥自己的主观能动性。

（1）学生主体

在思想政治教育中，尊重学生的主体精神意味着激发他们作为教育活动主体的意识。学生不仅是被教育者，还是教育实施者，需要主动参与和推动教育任务的完成。他们不应被动接受教育，而应积极策划、实施和保障任务的完成，参与教育过程应具有积极性和创造性。学生的主人翁意识、积极性和创造性对教育过程顺利、有效和独具特色的开展至关重要。教师应重视学生在教育过程中的主导地位，关注并发挥他们的积极参与感和创造力，以推动教育事业的不断发展。

（2）教师主体

教师作为思想政治教育的主要执行者，承担着巨大的责任。他们必须面对各式各样的学生，每个人都拥有不同的背景和观念，这使他们的工作任务异常复杂。思想政治教育本身就是一项极具挑战性的工作，因为它不仅涉及知识传授，还涉及个体的意识形态和社会价值观的塑造。教师的工作不容易量化或具体呈现，因为它受到强烈的主观性、社会性和个体性的影响。在这样的背景下，尊重教师的主体意识变得至关重要，以便他们真正发挥其专业能力和独特价值。在思想政治教育工作中，迫切需要强调尊重和发挥教师主体精神的意义。这意味着倡导个性化思想政治教育，应支持教师在工作理念上的多样化，鼓励他们勇于尝试创新的教育方法，也需要关注对教师工作成效的多样化评价，以确保他们的努力得到公正的评判和认可。

2. 知人善育，正视个体差异

尊重学生不仅是一种态度，更是一种基于了解和接触的需要。这意味着要把学生视为"客观存在"，正视他们的个体差异和独特性。对学生的个性化教育是建立在共性与个性并存的基础上的。现代大学生具有多种特点，包括思想活跃、观念新颖等。他们之间存在着家庭背景、心理素质等方面的差异，可以分为不同类型的群体，内部差异很大。在辅导过程中，教师需要针对学生个体的成长经历、兴趣爱好和价值取向等因素进行有针对性的辅导，因材施教。教师需要尊重每位学生的个性特征，开展一对一的工作，引导他们成长，并保持他们独特的个性特征。

面对学生的个体差异是思想政治教育工作者的重要任务之一，他们需要正确看待学生身上存在的缺点与不足。这些工作者必须具备包容之心，不应凭个人好恶对待学生，应一视同仁。帮助学生是他们的责任之一，包括指出学生的不足，提供改进建议，并协助他们改正错误。积极弘扬学生的优点与长处也是至关重要的，不论是良好的个性特征还是素质特长，都应该被认可和发展。思想政治教育工作者需要重视每位学生的个性，不仅要帮助他们克服困难和缺点，而且要促进他们的全面成长，扬长避短，引导他们在学术、社交和个人发展等方面取得进步。

3. 弘扬学生个性

当代社会塑造了一批年轻人，他们具备强烈的主观意识和独立思维。学生群体强调个性自由和自我独立，他们的思想更加复杂，价值观更加多元，个性更加张扬。在这样的背景下，思想政治教育必须兼顾学生的全面发展，尊重他们合理的个人追求和个性发展。这意味着需要重视学生在学习、生活、物质、精神等方面的需求，并注重发展他们的个性特点。教育工作者的任务是最大限度地激发学生的潜能，帮助他们实现个性化成长，以把握和应对当代社会的各种机遇和挑战。

鉴于当前社会对人才多元化的需求，高校应当重视学生个体差异和个性发展需求。这包括关注学生在多个方面的成长，特别是在社会责任感、创新精神和实践能力这三个方面的培养。在教育过程中，高校应充分尊重学生的"自我"，鼓励他们积极参与和探索，创造一个良好的学习环境。高校也应提供多种选择和发展空间，允许学生展现个性，帮助他们发展个性、实现梦想。

第四节　高校思想政治教育的人文关怀

一、人文关怀的内涵

人文关怀是对"人文"与"关怀"二者的融合，在强调个体价值的同时也注重"关怀"的指向性。具体而言，人文关怀体现在对人的独立性、自由性以及对人存在与发展所面对的种种问题的关注上，通过对其中的问题进行探索与解答，从而达到提高个体生命价值、塑造崇高人格的作用。人文关怀在坚持"以人为本"理念的基础上，以实现个体的全面发展为目标，尊重个人生存与发展的需要，帮助人们寻求生命的意义和人生的价值，进而提高人们的文化素养及发展能力，促使人们形成积极向上的独立个性和健全人格。

人文关怀包含了丰富的人文主义思想和情感，它强调"以人为中心"，重视对人本身的建设和其个性发展，其目的是以个人的发展来推动社会的进步。高校思想政治教育是社会主义发展建设中不可或缺的一部分，在思想政治教育中渗透人文关怀的理念和实践，有利于思想政治教育更好地发挥其作用，也进一步丰富了其内涵和外延。

思想政治教育中的人文关怀是指教育者在进行思想政治教育教学的过程中，始终坚持以人为本理念，尊重人的个性发展规律，关注人的精神状态，解决人的思想和实际问题，以提高他们的思想政治素质，促进其全面发展的一种实践活动。通常来说，在思想政治教育教学过程中，思想政治教育者不仅要关注受教育者的生存状态，也应尊重受教育者的各项权利，在注重提升其思想道德素质的基础上实现德、智、体、美、劳等方面的发展。高校思想政治教育人文关怀即在进行思想政治教育工作中要坚持以学生为本，把学生放在优先发展的位置，从学生的实际受教育情况出发，始终尊重学生应有的权利，明晰学生所要承担的义务，遵循学生的自我发展规律，对学生进行思想道德教育，真正实现思想政治教育铸魂育人的作用。

二、高校思想政治教育与人文关怀之间的关系

人文关怀是高校思想政治教育的核心理念。人文关怀作为一种兼具理论性和实践性的教育理念，对人们的思想和行为具有一定的指导作用，同样因为有这种理念，人类的各种社会实践活动、社会秩序才能正常运行。高校思想政治教育本质上是铸造人的灵魂的社会性教育活动，是一门充满人文色彩的学科，能够充分体现人文关怀的价值理念。人文关怀作为思想政治教育的核心理念，其目的是增强人的自主意识和自我价值，使人通过自主的实践实现其所追求的目标和价值。所以，高校思想政治教育这一项伟大的社会实践，必须具有深厚的人文内涵。

高校思想政治教育是人文关怀的重要载体。高校思想政治教育作为人文关怀的重要载体之一，其目的是使每个人都能实现自由而全面的发展，认识到自我存在的意义，更好地完善自己。作为一种社会实践活动，其正常开展必然要尊重大学生这一特殊群体的个体性与差异性，重视学生的理想信念与价值追求。同时，人文关怀理念自身也强调要尊重、关心学生，不仅要尊重学生的物质需要，更要给予学生精神上的鼓励和心理上的安慰。人文关怀之所以与高校思想政治教育所追求的目标有其内在契合之处，是因为它在一定程度上强调对人的价值的追求、对人的尊重，而这正是高校思想政治教育所追求的目标。因此，为了培养出适应社会发展所需要的人才，不断促进社会的全面进步，人文关怀就必须以思想政治教育为载体，推动高校青年学生群体的整体发展。

三、高校思想政治教育人文关怀的要义

思想政治教育人文关怀这一话题历史悠久但又与时俱进。为了将思想政治教育人文关怀工作引向更深入的发展，思想政治教育者应以新时代社会发展的现实状况为依据，了解年青一代学生群体的思想行为和个体差异，采用广大学生所认可的方式与他们进行沟通，及时发现并帮助其疏导思想认识上的问题，解决现实生活中的困难。因而，需要从现实依据和内容结构两个方面来深入理解高校思想政治教育人文关怀的基本要义。

（一）高校思想政治教育人文关怀的现实依据

思想政治教育人文关怀作为使生命整体提升、人性完善的活动，是与人类社会发展进程相适应的理念。新时代的人文关怀理念要想在高校思想政治教育中得到进一步发展和深化，要通过改革思想政治教育教学的方式方法来充实思想政治教育人文关怀的内容。这不仅与新时代社会发展的现实相适应，还体现了高校始终坚持以学生为本的理念，同时也是高校教育不断突破自我的实际需求。

第一，中国特色社会主义的政治论断为高校思想政治教育人文关怀的发展指明了方向。中国特色社会主义进入新时代这一政治论断，不仅为我们党和国家制定方针政策提供了行动指南，也是思想政治教育领域发展的一个重要机遇。因而，促进高校思想政治教育人文关怀的高质量发展，就需要紧紧抓住新时代这一显著特征，以推动其不断进步。高校思想政治教育人文关怀的创新发展离不开党和国家方针政策的指引。如今，我国的政治、文化发展都达到了一个新的高度，党和国家对于思想政治教育工作也越来越重视。高校思想政治教育教学过程中要充分践行人文关怀教育理念，理解、关心、尊重学生，提升学生的整体道德素质，推动高校教育整体向前发展。

第二，高校思想政治课改革创新为思想政治教育人文关怀的落实创造了机会。处于成长拔穗期的大学生，其自身成长成才具有独特的规律，高校思想政治理论课教学要遵循学生的身心发展规律，将理论知识内化于教学的过程中，进而激发学生的自我教育。通过将显性的思想政治教育与隐性的人文关怀教育相融合，将枯燥乏味的理论知识通过润物细无声的方式沁入学生的心灵，促使学生的自我意识逐渐走向成熟，使学生在自我成长的过程中不断提升道德素质，形成辩证的思维方式，树立正确的价值观。

高校思想政治课教学是思想政治教育的一个重要环节。高校思想政治课教师在思想政治教育中发挥着重要的作用，教师既是理论知识的传达者，又是学生人格的塑造者，应具有一定的家国情怀和仁爱之心，同时应不断将人文关怀理念渗透到课程教学过程中，打造有温度的思想政治课程。

第三，当代大学生思想行为的新特点为高校思想政治教育人文关怀的创新提供了思路。大学生追求独立人格，注重自我享受，喜欢新鲜事物。高校思想政治教育人文关怀的主要着力点在于运用习近平新时代中国特色社会主义思想，创新课堂教育方式。思想政治教育者应将这些思想和观念内化于心，注意引导学生关心国情和身边的社会事件，采用辩证的思维方式分析处理问题，避免使学生形成过于功利化的思想。

（二）高校思想政治教育人文关怀的内容结构

高校思想政治教育人文关怀的发展与学生的成长息息相关，学生个人的生存和发展状况会对思想政治教育工作的开展产生重大影响。人文关怀的目的是使学生能够在理解人生、尊重生命的基础上，不断提升自身的道德素养，树立积极健康的乐观心态，塑造独立的人格，促进学生的全面发展。所以，高校思想政治教育要关心学生的生存状况、道德品质、心理健康。

1. 关心学生的生存需要

大学生是高校思想政治教育的主要人群。他们对自己内心的满足是通过了解自我的内在需要来实现的，其内在需要包括学习、生活和情感等方面。高校思想政治教育者要转变教育方式，针对不同学生的需求采取不同的态度和方法，从生存需要到精神需要逐步发展，形成进阶式的关怀教育。

高校思想政治教育在满足基本物质生活需求的同时，更要注重精神文化需要的提升。高校思想政治教育者应重视学生的物质生活，既要提高学生的生理素质，又要满足学生的精神需要，提升学生的精神境界，使学生致力于追求真诚和友善的精神文化生活。

2. 关怀学生的道德提升

高校教育要以培养时代新人为目标，积极开展与德育相关的课程，推动大学生群体的思想行为发生积极变化。学生时期既是一个人心智发展的黄金阶段，也是思想道德素养提升的关键时期。道德素养在高校思想政治教育中扮演着至关重要的角色，高校思想政治教育者应该从道德行为规范入手，不断培养学生的道德情操，从而提高学生的道德素养，形成与社会发展相适应的道德行为。

因此，高校思想政治教育者应根据学生个体的差异性将学生道德素质的培养付诸课堂教学过程中。随着时代的发展和社会的进步，学生在满足了基本物质需要的基础上，对于自身价值的提升已经上升到精神层面，他们越来越关注自己和周边人的道德品质。高校思想政治教育人文关怀不仅是让学生将自身道德素养的提升作为自我发展、完善的对象，更重要的是让学生在对道德的追求中得到精神上的满足与享受，获得一种精神上的幸福感，使学生在自我充分发展的同时达到自我提升与超越。

3. 关注学生的心理健康

随着社会竞争的加剧，出现了多种多样、错综复杂的情况，这给人们造成了很大的心理压力和紧张感。人的心理健康和生理健康是同等重要的，拥有健康的心理才能有效地接受思想政治教育和人文关怀教育对自身的洗礼。因而，在新时代背景下，教育者要加强对大学生的人文关怀和心理健康教育，通过关心关怀的方式帮助他们拥有健康的学习和生活方式，不断强化他们面对挫折的心理承受能力。

高校作为大学生思想政治教育的重要场所，教师应该铭记学生的心理健康往往比身体健康更为重要，在对学生传达理论知识的同时也不能忽略对他们内心矛盾的疏解。为此，高校思想政治教育者应该不断学习心理学知识，并将心理学知识与自身经历相结合，提高自己对学生心理的认识，充分掌握学生的心理特征，真正理解学生所需，使学生获得精神生活上的幸福感和满足感。在与学生相处的过程中，高校思想政治教育者要加强情感交流，使高校思想政治教育更加人性化，也使学生具有倾诉问题的欲望，能更好地引导学生在学习、生活中去寻找自我，从而拓宽自我的精神世界和精神空间。

四、高校思想政治教育人文关怀的改进对策

"思想政治教育是围绕人来开展具体工作的，高校在教育过程中秉持人文关怀理念，坚持大学生的主体地位，以大学生的实际需求为逻辑起点和根本归宿，全面分析大学生的思想和行为发展规律，对其进行有针对性的思政教育，进而构建大学生的美好精神家园，最终实现大学生的自由全面发展。"[①]

---

① 王佳琦. 新时代加强高校思想政治教育中人文关怀的路径探析 [J]. 食品研究与开发，2023，44（17）：237.

（一）更新学生思想政治教育人文关怀管理制度

对学生进行人文关怀离不开信息的收集，对信息的获取、反馈和评估都需要准确、客观的制度保证。高校可成立人文关怀信息收集小组，拓展信息收集的渠道，做到及时且准确收集学生的最新资料。此外，通过建立人文关怀评估和信息反馈机制，能促进思想政治教育人文关怀工作变得更加科学化。可以对人文关怀工作在实施过程中所取得的进展和成效进行及时反馈，进而对思想政治教育人文关怀的方法进行改进。

思想政治教育人文关怀保障机制主要包括物质保障和政策保障两个方面。人文关怀过程中除了精神的沟通交流，还需要一定的日常开销费用和设备费用作为物质条件的基本保障。例如，在开展思想政治教育实践活动的过程中，参观革命纪念馆或者红色旅游景点时所产生的差旅费和会议费，教师对学生进行心理疏导过程中借助的教育产品或心理咨询场所。此外，高校思想政治教育人文关怀要想在新时代的高校取得较大的成效，需要国家政策和方针的支持。如今，学生的思想政治教育工作越来越受到各方的关注和重视，国家的政策也更加倾向于思想政治教育这方面，主要体现在对高校思想政治教师的配比及研究经费等方面。这在一定程度上提高了学生的人文主义素养，强化了思想政治教师对思想政治学科的热情和对科研的投入，具有较强的人文主义情怀，也为高校思想政治教育坚持以人为本理念的顺利开展提供了保障。因此，要使人文关怀得到全面体现，就必须有充足的物质保证和健全的政策支撑。

（二）健全思想政治教育人文关怀和心理疏导体系

由于高校学生群体的特殊性，部分学生常因学业、情感、就业等方面的问题产生不同程度的危机事件，这对学生和高校而言都是一场挑战。在面临当代学生群体心理危机频发的状况下，人文关怀和心理疏导显得尤为重要。人文关怀与心理疏导一体化是思想与心理的交互共振，二者相辅相成、相互促进。高校思想政治教育要实现人文关怀和心理疏导一体化，则需要加入现代心理咨询技术，将其相关知识融合于思想政治教育中，不断推进思想政治教育人文关怀的科学化。

第一，开展心理预防教育，引导学生发现自身问题。高校应将伦理学、心理学相关知识融入思想政治课教学中，提升学生的人文素养。在此过程中，可采取心理学专题讲座或课外实践活动等多样化的形式，潜移默化地将人生意义、生命价值等方面的知识渗透在思想政治教育教学过程中，使学生在增长知识的过程中也能及时发现自身存在的问题，并进行自我调节。

第二，设置心理咨询机构，拓宽学生心理咨询的渠道。高校设置心理咨询机构主要是针对当前心理和思想等方面已经出现问题的学生，为他们提供具有目的性和针对性的心理咨询或心理疏导等服务，帮助学生缓解心理压力。设立这一机构时还应考虑到这些咨询人员的专业素养以及进行心理辅导所需要的基础设施。与此同时，心理咨询人员在对学生进行心理疏导的过程中，应避免使用较为严厉或命令式的语气，尽量保持亲切、温和的态度，与学生建立平等真诚的交流关系，并针对他们的心理问题提出切实可行的建议。只有这样，大部分学生才能敞开心扉，积极配合心理咨询人员进行心理辅导。

第三，构建心理疏导机制，跟踪治疗学生的心理问题。当前社会压力、学业压力造成一部分学生出现焦虑和抑郁倾向，这就需要专业的心理咨询师对其进行心理疏导。为此，高校需要引进一些具有专业知识和专业能力的心理治疗师，并且还应与医院建立相应的合作关系。由于心理治疗是一个长期持续性的工作，在此过程中，高校思想政治教育工作者应积极配合心理治疗师，主动关心学生的生活，了解学生的动态，对学生的心理状态进行分析和评估，再根据学生的实际心理状态适时地调整治疗方法。

（三）夯实思想政治教育人文关怀的内在环境

人的生存、成长离不开环境的影响，一个好的环境可以提高个人的综合素质，培养一个人的个性与品格。高校思想政治教育加强人文关怀，必须综合利用各方资源，不断优化教育教学环境，为发挥人文关怀在思想政治教育中的潜移默化作用营造良好的环境和氛围。

1. 构建完备的物质文化环境

人与环境的关系是相辅相成的，二者统一于社会实践中，人创造了一定的环境，同时环境也在不断影响着人的发展。人文教育环境的不断改善与优化，有助于推动高校思想政治教育的高质量发展。高校人文环境是高校的文化内涵、精神底蕴的重要体现，对学生个人文化素养的提升具有非常重要的意义。校园物质环境建设是人文环境建设的基础，是高校办学理念和精神风貌的集中体现，主要是指校园内的基础设施和自然景观要坚持以学生为本的理念，具有一定的人文性，方便学生的学习、生活以及各种实践活动，实施人性化建设，为学生安心学习和工作提供基本保障。

在各种设施的配置选择方面，应更加强调育人理念，改善宿舍、食堂、体育场等基本生活场所的环境。例如，宿舍楼内配备相应的热水器、洗漱间；食堂各个窗口搭配不同菜系，满足不同地方学生的口味；校内宣传栏布置，积极宣传党的路线、方针、政策。通过这些隐形资源的配置对学生的身心产生一定的影响，营造积极健康的学习生活氛围，增强学生的自我价值和使命。

2. 营造积极的人文精神环境

高校校园精神文化是一所高校的文化传统、教育理念和价值取向的集中反映，是校园人文环境建设的最高层次，对学生的学习和生活具有广泛而深刻的影响。先进健康的校园精神文化能提升学生的人文精神。

（1）营造优良的校风

校风是高校全体师生经过长期团结奋斗逐步形成的思想行为风气，由师风、学风等诸多因素构成。加强高校的师风和学风建设是加强校风建设的核心所在。就现阶段而言，高校加强师风建设要以立德树人为根本任务，践行社会主义核心价值观，培养师风优秀的教师队伍，积极弘扬中华民族优秀传统文化，坚定教师以德育人的理念，培养高质量人才。学风不仅体现了学生学习的精神面貌，更是其为人作风的集中体现。优良的学风能够激发学生刻苦学习、努力奋斗，树立正确的思想观念和道德情操。因此，高校应以学生社团为载体，利用历史风俗或重大纪念日开展主旋律文化教育活动，对学生进行引导教育，倡导和弘扬以德为行理念，增强学生的责任感。

（2）举办多样的文化活动

作为一名思想政治教育者，在坚守基本原则的前提下，应将学生的情感体验置于至高无上的地位，致力于激发学生的主动性和创造性，营造充满人文气息的教育环境，从而激发学生的参与热情，充分发挥主体性的作用。高校可利用各种形式来营造一种轻松愉悦的文化氛围，让学生在这种氛围中获得良好的心理体验。通过举办丰富多彩的校园文化活动，例如校园学术和娱乐活动、社团活动、精神文明活动等，鼓励学生积极参与，发挥个人优势，充实知识储备，拓宽视野，充分挖掘个人潜力，从而增强自信心。此外，举办以优秀的传统文化为主题的活动，不仅能够提升校园精神文化的层次和水平，更能以课外活动的形式丰富学生的精神世界，培育学生积极乐观的健康人格，净化校园的精神文化环境。

3. 创造和谐的网络关怀环境

（1）设立网络心理疏导专线

网络的匿名性特点为学生进行心理疏导提供了更为便捷的咨询方式，避免部分学生因面对面的交流而尴尬，能得到学生更为准确真实的内心想法。高校可开通微信公众号通过一对一答疑解惑的方式对学生进行有针对性的心理辅导。思想政治教育者利用微信与学生进行沟通，了解学生的思想和行为动态，及时对学生的心理困惑进行解答，学生可运用同样的方式向思想政治教育者或心理咨询师反馈自己的思想动态。通过建立这样一对一的心理专线疏导体系，能够打造一个师生平等交流的平台。

（2）建立官方网络关怀平台

高校思想政治教育者可借助自媒体平台向学生传达一些温情暖心小故事，例如微博、微信公众号等平台发布的具有人文色彩和关怀内容的短视频和小故事，丰富思想政治教育方式的多样性。营造和谐健康的校园网络环境需要全员共同努力，思想政治教育者和校园网络管理者需运用丰富的理论知识和自身的实践经验判断网络复杂信息的真伪，进而对学生进行引导和帮助。学生自身也应深入学习马克思主义唯物辩证法，对任何事物都要一分为二地看待，既要看到网络发展带来的益处，也应提升自身对虚假信息的辨别能力。通过全员共同努力，构建和谐健康的校园网络环境。

02 第二章 高校思想政治理论课程及其作用

第一节　高校思想政治理论课程的发展历程

一、中华人民共和国成立后高校思想政治理论课程的特质

中华人民共和国成立后，高校思想政治教育理论课作为培养社会主义建设者和接班人的重要课程，展现出了独有的特质和鲜明的时代特征。这些特质不仅体现在其教育目标、内容和方法上，更深刻地反映在其与我国社会主义制度、文化传统以及时代需求的紧密联系中。

（一）区别现代教育与传统教育的分水岭

中华人民共和国成立后，高校思想政治教育理论课成为现代教育与传统教育之间的分水岭。这一课程体系的建立，标志着我国教育向新民主主义、社会主义的转变。在传统教育中，思想政治教育往往被忽视或仅作为次要内容，而在中华人民共和国成立后，它被视为培养合格社会成员、传承社会主义核心价值观和意识形态的重要途径。高校思想政治教育理论课注重培养学生的马克思主义理论素养、社会主义道德观念和爱国主义情怀，这与传统教育中强调的封建伦理或资产阶级价值观形成了鲜明对比。因此，这一课程的设立和实施，不仅是我国教育史上的重要里程碑，也是现代教育与传统教育在思想政治教育领域的根本分水岭。

（二）我国社会主义高等教育与资本主义高等教育的重要区别

高校思想政治教育理论课是我国社会主义高等教育与资本主义高等教育的重要区别之一。在资本主义高等教育体系中，虽然也存在思想政治教育，但其核心目标是维护资产阶级的利益和统治秩序，传播资本主义的价值观和意识形态。而我国社会主义高等教育体系中的思想政治教育理论课，则是以培养社会主义建设者和接班人为根本目标，注重传播马克思主义理论和社会主义核心价值观，培养学生的社会主义信仰和共产主义理想。这种课程目标的根本差异，体现了我国社会主义高等教育与资本主义高等教育在思想政治教育领域的本质区别。因此，高校思想政治教育理论课不仅是我国高等教育体系的重要组成部分，也是我国社会主义高等教育特色的重要体现。

二、20 世纪下半叶高校思想政治理论课程的演化

在 20 世纪下半叶的 50 余年间，高校思想政治理论课建设是坚持以马克思主义为指导思想、以培养有社会主义觉悟的有文化的劳动者为根本宗旨、以适应社会主义现代化建设需要和大学生心理发展的具体状况为主要任务，不断调整、不断改革课程体系、课程名称、课程内容的历史进程。

（一）高校马克思主义理论课程的创建、规范和体系化阶段（1949 ~ 1978 年）

1949~1978 年，我国高等教育面临着改造旧教育、创造新教育的双重任务，且取得了重大的历史性成就。高校思想政治理论课的命运与我国高等教育的命运一样，起落沉浮，成绩与挫折同在，经验与教训并存。

中华人民共和国成立伊始，百废待兴，但最急需的则是培养合格的社会主义建设者。因此，"培养什么样的人""怎样培养这样的人"成为包括高校在内的整个教育事业所面临的问题。这一时期，由于包括教育在内的各项社会主义事业都处于刚起步的阶段，所以高校的课程设置主要是对原有的大学课程进行改造，高校思想政治理论课也是在总结解放区思想政治教育经验、结合社会主义革命和建设实际需要的基础上设置和建设的。通过初步的实践和探索，高校思想政治理论课课程体系逐渐形成，并作为高校的公

共必修课纳入高等教育课程体系，从而使高校思想政治理论课获得了新生。

1953年，党中央提出社会主义过渡时期总路线，因此，高校思想政治理论课也做出了相应的调整，把"新民主主义论"改为"中国革命史"，并且增开了"马列主义基础"课程。这次课程调整的主要原因是要解决课程内容的重复问题。开设"中国革命史"主要是系统阐明马克思列宁主义在中国的胜利，系统讲授毛泽东思想的基本知识，让学生了解中国共产党的总路线、总政策，从而提高其思想水平和政治水平。我国社会主义改造完成后，进入了社会主义建设时期。高校思想政治理论课实际上为"社会主义教育"课程所代替。

1976年10月，我国明确肯定每门政治理论课都是一门科学，于是，恢复和重建高校思想政治理论课提上了议事日程。马克思主义基本原理也表明，任何事物的恢复和重建，都不是原有事物的简单重复，而是原有事物的革新与发展。高考制度恢复之后，高校开设"中共党史""政治经济学""哲学"课程，理、工、农、医各专业有条件的还应开设"自然辩证法"课程，文科应另加"国际共产主义运动史"课程。这一课程方案，简称"78方案"。"78方案"突出了为社会主义现代化建设服务的内容。这一课程方案的制订和实施，标志着我国高校马克思主义理论课课程体系的基本建立。但是，由于教学、教材、教师等方面都存在不少问题，这一课程方案具有明显的过渡性特点。

从1949年中华人民共和国成立到1978年党的十一届三中全会期间，高校思想政治理论课建设、调整和教学改革有着鲜明的特点。这一阶段，高校思想政治理论课教学的内容包括：坚持马克思主义基本理论教育；开展中国革命历史教育；结合中国社会主义建设进行社会主义教育。这一阶段高校思想政治理论课教学重视理论联系实际，推进课程改革；重视加强社会主义教育，丰富教学内容；重视中国实际和中国经验，逐步确立以毛泽东思想为核心的课程体系；重视党的领导和意识形态灌输或教育，政治理论课构成高校课程体系的重要内容。

（二）高校马克思主义理论课程的进一步改革发展阶段（1979~2000年）

20世纪改革开放新时期的突出成就是在恢复和重建的基础上形成并有效实施了高校思想政治理论课的"85方案"和"98方案"。

1985 年 8 月，《中共中央关于改革学校思想品德和政治理论课程教学的通知》对高校马克思主义理论课改革，特别是课程设置和教学内容提出了新的要求。高校要对大学生进行以中国革命史为中心的历史教育，使学生了解具有悠久的历史文化传统的中国，是怎样根据历史的必然走上以共产党为领导力量的社会主义道路的。高校应进行马克思主义的基本理论教育，使学生了解马克思主义的哲学、历史学、经济学、政治学和科学社会主义等基本理论观点的历史渊源、主要内容和现代发展情况。不仅如此，高校还进行中国社会主义建设和改革的理论、政策和实际知识的教育，使学生了解我们党和人民正在进行的有世界意义的伟大事业与年青一代的密切关系。

1998 年，我国提出更加科学、完整的方案——"98 方案"。"98 方案"提出了"两课"课程的具体内容：马克思主义理论课程，包含"马克思主义哲学原理""马克思主义政治经济学原理""毛泽东思想概论""邓小平理论概论"以及"当代世界经济与政治（文科开设）"；思想品德课程，包含"形势与政策""思想道德修养"以及"法律基础"等。

自 1978 年改革开放至 20 世纪末的 20 余年间，我国高校思想政治理论课教学经历了一个既继承又创新的重要阶段。这一时期的思想政治理论课教学不仅继承了前一时期课程建设的成功做法，还紧密结合新的时代特点，从逐步改革走向课程体系创新，积累了宝贵的经验。

第一，高校思想政治理论课教学不仅注重内容的丰富和充实，也高度重视课程体系结构的建设和改革。教师们致力于将马克思主义的经典理论与中国的实际相结合，不断充实和更新教学内容，确保课程的时效性和针对性。同时，他们还对课程体系结构进行了深入的反思和改革，力求构建一个更加科学、合理的课程体系，以更好地服务于大学生的思想政治教育。

第二，思想政治理论课教学不仅推动了课程本身的建设，还为马克思主义理论教育与思想政治教育学科的建设奠定了坚实的基础。通过不断的探索和实践，教师们逐渐明确了思想政治理论课的教学目标、内容和方法，形成了一套相对完整的教学体系。这不仅提升了思想政治理论课的教学质量，也为马克思主义理论教育与思想政治教育学科的发展提供了有力的支撑。

第三，在教学内容上，思想政治理论课教学不仅强调马克思主义理论的整体性和中国化的马克思主义的体系性，还特别注重马克思主义科学世界观的时代性和现实性。教师们努力将马克思主义的经典理论与当代中国的实际相结合，引导大学生深入理解和把握马克思主义的时代价值和实践意义。同时，他们还注重培养大学生的理论思维能力和实践创新能力，使他们能够更好地运用马克思主义理论来分析和解决实际问题。

第四，在教学目标上，思想政治理论课教学不仅注重提高大学生的理论运用能力，还特别强调大学生思想素质和综合素质的提高。教师们认为，只有具备了较高的思想素质和综合素质，大学生才能更好地适应社会的发展和变化，成为有用之才。因此，他们在教学中注重培养大学生的道德品质、创新精神和实践能力，力求使他们在思想政治、道德品质、文化素养等方面得到全面的提升。

"85方案"和"98方案"作为改革开放以来高校思想政治理论课课程体系改革和教学改革的重要成果，集中体现了注重培养、提高大学生思想素质和综合素质以及理论联系实际的应用能力的课程教学目标、人才培养目标，并把这一特征带进了21世纪。

三、21世纪以来高校思想政治理论课程的发展

自21世纪以来，伴随着全球化进程的加速与我国改革开放的深入发展，高校思想政治理论课作为立德树人的关键课程，历经了重大的变革与显著的发展。2024年5月11日，习近平总书记对学校思政课建设作出重要指示："新时代新征程上，思政课建设面临新形势新任务，必须有新气象新作为。"①

（一）政策引领与顶层设计强化

进入21世纪，党和国家高度重视高校思想政治理论课的建设与发展。习近平总书记在思想政治理论课教师座谈会上的重要讲话，为新时代高校思想政治课建设指明了方向。党和国家相继出台了一系列指导性文件和政策措施，不仅明确了思想政治课建设的目标任务和总体要求，还从课程设置、教材编写、师资队伍、教学评价等多个方面进行了全面部署和系统安排。这些政策的出台，为高校思想政治课的发展提供了坚实的制度保障和有力的政策支持。

---

① 习近平.习近平强调要不断开创新时代思政教育新局面 努力培养更多让党放心爱国奉献担当民族复兴重任的时代新人 丁薛祥出席新时代学校思政课建设推进会并讲话[J].中国军转民，2024（9）：6.

（二）课程内容的丰富与完善

21世纪以来，高校思想政治理论课的课程内容不断丰富和完善。一方面，课程内容紧跟时代步伐，及时将党的理论创新成果融入教材和教学之中。例如，习近平新时代中国特色社会主义思想作为马克思主义中国化的最新理论成果，已成为高校思想政治课的核心内容之一。另一方面，课程内容也注重与其他学科的交叉融合，形成了跨学科、综合性的课程体系。这不仅有助于拓宽学生的知识视野，还有助于培养学生的综合素质和创新能力。

（三）教学方法与手段的创新

随着信息技术的发展和教育理念的更新，高校思想政治理论课的教学方法与手段也日益创新。传统的讲授式教学已不再是唯一的教学方式，互动式、案例式、研讨式等多种教学方法被广泛应用于思想政治课堂。同时，现代信息技术也被广泛引入思想政治课教学之中，例如多媒体教学、网络教学、虚拟现实技术等。这些技术的应用不仅丰富了教学手段，也增强了教学效果，提升了学生的学习兴趣。此外，实践教学也成为思想政治课的重要组成部分，通过组织学生参与社会实践、志愿服务等活动，让学生在实践中深化对理论知识的理解和认识。

（四）师资队伍的加强与提升

教师是高校思想政治课的主体力量，师资队伍的素质直接关系到思想政治课的教学效果和质量。"要着力建设一支政治强、情怀深、思维新、视野广、自律严、人格正的思政课教师队伍。"[①]21世纪以来，高校思想政治课的师资力量得到了显著提升。一方面，高校加大了对思想政治课教师的引进和培养力度，吸引了一批具有深厚理论功底和丰富实践经验的优秀人才加入思想政治课教师队伍。另一方面，高校也注重对教师进行培训和再教育，不断提高教师的专业素养和教学能力。同时，还建立了一套完善

---

① 习近平. 习近平强调要不断开创新时代思政教育新局面 努力培养更多让党放心爱国奉献担当民族复兴重任的时代新人 丁薛祥出席新时代学校思政课建设推进会并讲话 [J]. 中国军转民，2024（9）：6.

的激励机制和评价体系，激发教师的工作积极性和创造性。

（五）实践探索与经验总结

在 21 世纪的高校思想政治课发展过程中，各地各高校进行了大量的实践探索和经验总结。例如，一些高校通过实施"课程思想政治"改革，将思想政治教育融入专业课程之中，实现了专业课程与思想政治课程的同向同行；一些高校通过建设"大思想政治课"平台，将思想政治课堂搬到社会大课堂之中，让学生在实践中学习和成长。这些实践探索不仅丰富了高校思想政治课的教学模式和途径，也为其他高校提供了有益的借鉴和启示。

展望未来，在党和国家的坚强领导下，高校思想政治理论课将继续沿着正确的方向不断前进，正如习近平总书记强调的："新时代贯彻党的教育方针，要坚持马克思主义指导地位，贯彻新时代中国特色社会主义思想，坚持社会主义办学方向，落实立德树人的根本任务，坚持教育为人民服务、为中国共产党治国理政服务、为巩固和发展中国特色社会主义制度服务、为改革开放和社会主义现代化建设服务，扎根中国大地办教育，同生产劳动和社会实践相结合，加快推进教育现代化、建设教育强国、办好人民满意的教育，努力培养担当民族复兴大任的时代新人，培养德智体美劳全面发展的社会主义建设者和接班人。"[①]

第二节　高校思想政治理论课程的性质与地位

一、高校思想政治理论课程的性质

（一）政治性

高校思想政治理论课的政治性是其最本质、最核心的特征。这一性质主要体现在以下方面：

---

① 习近平 . 思政课是落实立德树人根本任务的关键课程 [J]. 内蒙古宣传思想文化工作,2020（10）:4-11.

第一，课程内容紧密围绕党和国家的中心工作，旨在向学生传达党的路线、方针、政策，以及国家的法律法规。这种设置确保了学生在思想上、政治上同党中央保持高度一致，使他们能够深刻理解并认同国家的政治理念和发展目标。通过这样的课程学习，学生能够更加清晰地认识到自己作为未来社会建设者的责任和使命，从而更加积极地投身国家的发展进程中。

第二，课程强调培养学生的政治意识和政治素养。这包括政治敏锐性、政治鉴别力以及参与政治生活的能力。在当今复杂多变的国内外形势中，保持清醒的政治头脑和做出正确的政治判断对于每一个学生来说都是至关重要的。通过高校思想政治理论课的学习，学生能够更好地理解和分析政治现象，提高自己的政治素养，为未来的政治参与和社会生活打下坚实的基础。

第三，政治性还要求课程注重培养学生的爱国主义精神和社会责任感。爱国主义是中华民族的核心价值观之一，也是每一个学生应该具备的基本素质。通过对课程的学习，学生能够更加深入地了解祖国的历史和文化，增强对祖国的认同感和归属感。同时，课程还鼓励学生将个人理想与国家发展、民族复兴紧密结合起来，培养他们的社会责任感和奉献精神。

（二）意识形态性

高校思想政治理论课的意识形态性与课程的政治性相辅相成，共同构成了课程的核心特征。高校思想政治理论课通过系统的教学内容和科学的教学方法，旨在塑造和引导大学生形成正确的价值观念。这些价值观念包括爱国主义、集体主义、社会主义核心价值观等，它们都是我国意识形态的重要组成部分。通过对课程的学习，大学生能够更加深入地理解和认同这些价值观念，从而将其内化为自己的思想意识和行为准则。

此外，高校思想政治理论课还承担着培育和强化大学生政治意识的重要任务。政治意识是指个体对政治现象、政治关系以及政治活动的认识和态度。在高校思想政治理论课中，通过讲解政治理论、分析政治现象、探讨政治问题等，可以帮助大学生树立正确的政治观念，增强他们的政治敏感性和政治鉴别力，使他们能够更好地理解和参与国家政治生活。

（三）思想性

第一，课程致力于传授马克思主义基本原理及其中国化最新成果。马克思主义是我们立党立国的根本指导思想，也是学生树立正确世界观、人生观和价值观的重要理论基础。通过对课程的学习，学生能够深入了解马克思主义的基本原理和核心观点，学会运用马克思主义的立场、观点和方法来分析和解决问题。这不仅有助于提高学生的理论素养和思维能力，还能够帮助他们更好地理解和把握社会发展的规律和趋势。

第二，强调理论与实践相结合。高校思想政治理论课不仅注重理论知识的传授，还非常重视实践环节的教学。通过案例教学、社会实践等多种形式，学生能够在实际操作中深化对理论的认识和理解，形成符合社会发展要求的先进思想观念和良好的道德品质。这种理论与实践相结合的教学方式不仅增强了课程的吸引力和感染力，还提高了学生的实践能力和创新能力。

第三，注重培养学生的创新思维和批判性思维。在当今社会，创新是推动发展的重要动力之一。高校思想政治理论课在传授理论知识的同时，也非常注重培养学生的创新思维和批判性思维。课程鼓励学生敢于质疑、勇于探索，不仅接受知识，更要学会思考。通过引导学生对不同思想和文化的交流进行分析和判断，课程帮助他们坚持和弘扬社会主义核心价值观，形成独立、自主、理性的思考方式。

（四）德育性

德育性，即道德育人性，是高校思想政治理论课的核心性质之一。这一性质强调了该课程在培养学生道德品质、塑造高尚人格方面的重要作用。具体而言，德育性体现在以下方面：

第一，高校思想政治理论课通过系统传授马克思主义道德理论和社会主义核心价值观，引导学生树立正确的道德观念和价值取向。这些理论和价值观不仅为学生提供了判断是非善恶的标准，还为他们指明了追求高尚道德生活的方向。

第二，高校思想政治理论课注重培养学生的道德情感和道德意志。通过丰富的案例分析和深入的课堂讨论，学生能够更加深刻地理解道德规范的内涵和意义,从而增强对道德的认同感和践行力。同时,课程还鼓励学生在面对道德困境时保持坚定的道德意志,勇于承担道德责任。

第三,德育性还体现在课程对学生道德行为的引导和规范上。高校思想政治理论课不仅要求学生掌握道德知识,更要求他们将所学知识转化为实际行动,做到知行合一。通过对课程的学习,学生能够更加自觉地遵守社会公德、职业道德和家庭美德,成为具有高尚道德情操和良好行为习惯的优秀人才。

(五)科学性

科学性是高校思想政治理论课的另一重要性质,它蕴含了丰富的内涵和深远的意义,主要体现在课程本身的科学性和教学效果的科学性两个层面。

从课程本身的科学性来看,高校思想政治理论课依托于坚实的学科基础,例如马克思主义理论学科。这使得该课程在内容设置上具备了严谨性和系统性,能够为学生提供全面、深入的知识体系。同时,该课程还拥有自己独特的研究对象、研究方法和理论体系,这使得它在学术研究和社会实践中都具备了较高的科学性和权威性。这种科学性的课程设置为学生提供了科学的世界观和方法论,帮助他们更好地认识世界、改造世界。

从教学效果的科学性来看,高校思想政治理论课注重用科学的方法来指导和评价教学效果。该课程采用先进的教学理念和手段,例如案例教学、实践教学,以增强学生的学习效果,提高学生的实践能力。同时,该课程还注重对学生学习成果的科学评价,通过多元化的评价方式全面、客观地反映学生的学习情况和进步程度。这种科学性的教学效果不仅保证了学生对课程内容的深入理解和掌握,还培养了他们的科学素养和创新能力。

进一步而言,高校思想政治理论课的科学性对学生和教师都产生了深远的影响。对于学生而言,科学性的课程能够引导他们树立科学的世界观和方法论,提高他们的思维能力和实践能力。同时,科学性的教学效果还能够激发学生的学习兴趣,培养他们的自主学习和终身学习的能力。对于教师而言,科学性的课程要求他们不断更新教学理念和手段,提高教学水平和质量。同时,科学性的教学效果还要求教师注重对学生学习成果的科学评价，以更加全面、客观地了解学生的学习情况和进步程度，从而更好地指导他们的学习和成长。

（六）实践性

实践性是高校思想政治理论课的另一个重要课程性质。这一性质强调师生在进行思想政治理论教与学的过程中，必须进行实践，通过实践来促进由理论向能力的转化，并推动能力的进一步发展。同时，实践性还要求在实践中检验思想政治理论成果的正确性，以确保理论的科学性和有效性。

具体来说，高校思想政治理论课的实践性体现在以下方面：

第一，课程要注重理论与实践相结合。这意味着教师在教学过程中不仅要传授理论知识，还要引导学生将理论知识应用于实际生活中，通过实践来加深对理论的理解和掌握。

第二，课程要注重能力的培养和发展。实践性要求教师在教学过程中注重培养学生的实践能力、创新能力和解决问题的能力，使学生能够将所学知识转化为实际能力。

第三，课程要注重实践成果的检验和评价。这意味着教师在教学过程中要通过实践来检验学生的学习成果，评价学生的实践能力和创新能力，以确保教学质量和效果。

（七）时代性

高校思想政治理论课的课程性质中，时代性是一个不可或缺的构成要素。它深刻体现了该课程与时代发展进程的紧密联系及其对时代特征的准确反映。思想政治理论要想始终保持其蓬勃的生命力，就必须紧跟时代的步伐，不断适应时代发展的需要，而时代性正是这一要求的集中体现。这一性质不仅要求高校思想政治理论课在教学内容上要与时代同步，及时反映社会的最新发展和变化，而且在教学方法和教学理念上也要与时俱进，不断创新，以适应时代发展的新要求。具体而言，高校思想政治理论课的时代性主要体现在以下两个方面：

一方面，课程要适应大学生心理和个性发展的需要，体现出鲜明的时代特征。随着社会的快速发展和时代的不断变迁，大学生的心理和个性特征也在发生着变化。因此，高校思想政治理论课必须密切关注大学生的心理变化和个性发展需求，及时调整教学内容和方法，以适应他们的成长需要。这意味着课程要更加注重学生的主体性，关注学生的内心世界，尊重学生的个性差异，以更加贴近学生实际的教学方式来传授思想政治理论。

另一方面，课程要把反映时代精神、生存方式以及社会思潮变化大背景条件下的马克思主义理论研究的最新理论成果体现到教学内容中，展现出课程的时代前沿性。这意味着高校思想政治理论课要始终保持对时代精神的敏锐洞察，及时捕捉社会思潮的新动向，将最新的马克思主义理论研究成果引入课堂，使学生能够了解到最前沿的学术动态和思想观点。这不仅有助于拓宽学生的视野，提高他们的理论素养，而且也有助于增强课程的吸引力和感染力，提高学生的学习兴趣和积极性。

二、高校思想政治理论课程的地位

"高校思想政治理论课是集理论性与实践性于一体的课程，它既是对大学生进行思想政治教育的主要途径，更是传播马克思主义理论的重要阵地。"[①]

（一）高校教育的重要组成部分

高校思想政治理论课作为高校教育的重要组成部分，其地位与作用的凸显，不仅源于我国社会主义教育的根本性质，也深深植根于其特定的内容与教育功能之中。

高校思想政治理论课的重要地位是由我国社会主义教育的性质决定的。在我国，教育不仅是知识的传授和技能的培养，更是意识形态建设和价值观塑造的重要阵地。高校思想政治理论课作为这一任务的主要承担者，旨在通过系统的理论教学，引导学生树立正确的世界观、人生观和价值观，确保他们成为有理想、有道德、有文化、有纪律的社会主义建设者和接班人。这是社会主义教育性质的直接体现，也是高校思想政治理论课不可替代的重要地位所在。

高校思想政治理论课的重要地位由其特定的内容与作用决定。高校思

---

① 翟柯欣.新时代高校思想政治理论课实践教学研究[D].西安：西安理工大学，2023：1.

想政治理论课涵盖了马克思主义基本原理、中国特色社会主义理论体系、中国近现代史纲要、思想道德修养与法律基础。这些课程不仅传授理论知识，更重要的是引导学生理解并认同中国共产党的领导、社会主义制度以及中华民族伟大复兴的历史使命。这些内容具有鲜明的政治性、思想性和理论性，是区别于其他专业课程的重要标志。

高校思想政治理论课不仅传授知识，更承担着育人的责任。它通过理论讲授、实践探索、价值引领等多种方式，促进学生全面发展，提升其政治素养、道德品质和思维能力。在帮助学生形成科学的世界观和方法论的同时，也增强了他们的社会责任感、创新精神和实践能力，为未来的社会生活和职业发展奠定了坚实的思想基础。

（二）贯彻人的全面发展方针

人的全面发展是社会主义教育的核心目标，它要求教育不仅关注学生的知识技能培养，更要注重其思想道德素质、情感态度以及价值观的形成。高校思想政治理论课正是实现这一目标的关键环节。通过系统的课程学习，学生能够深入理解马克思主义基本原理、中国特色社会主义理论体系等重要内容，从而树立起科学的世界观、人生观和价值观。

高校思想政治理论课在培养学生的综合素质方面有着不可替代的作用，它不仅传授理论知识，还通过案例分析、社会实践等多种形式，引导学生关注社会现实，增强其社会责任感和历史使命感。这种理论与实践相结合的教学方式，有助于学生在掌握专业知识的同时，提升思想道德境界，实现知识与品德的双重提升。

从国家和社会发展的角度来看，高校思想政治理论课也是培养合格建设者和接班人的重要途径。在全球化背景下，面对多元文化的冲击和复杂多变的国际形势，坚持和加强高校思想政治理论课，对于维护国家意识形态安全、培养具有中国特色社会主义共同理想的新一代青年具有重要意义。

（三）高校德育的重要途径

高校思想政治理论课不仅是一门学科，更是高校德育的重要组成部分和实施德育教育的有效途径。其在教学过程中的特殊地位和作用，主要体现在以下方面：

第一，系统传授德育知识。高校思想政治理论课通过系统的教学，向学生传授马克思主义基本原理、中国特色社会主义理论体系、中国近现代史纲要以及思想道德修养与法律基础的核心知识。这些知识不仅是学生形成科学世界观、人生观和价值观的理论基础，也是他们提升道德品质、增强社会责任感的重要支撑。

第二，培养德育能力。除了知识的传授，高校思想政治理论课还注重培养学生的德育能力。通过课程学习，学生能够学会如何运用马克思主义立场、观点和方法分析问题、解决问题，如何在复杂的社会现象中辨别是非、善恶，如何在实际生活中践行社会主义核心价值观。这些能力的培养，对于学生成长为具有高尚品德和良好道德行为的社会主义建设者和接班人至关重要。

第三，塑造德育品格。高校思想政治理论课的教学过程，也是学生德育品格塑造的过程。通过课程的学习和实践，学生能够逐步树立起正确的道德观念，形成健全的道德人格，养成良好的道德行为习惯。这种品格的塑造，不仅对于学生个人的成长和发展具有重要意义，也对于社会的和谐稳定和国家的长治久安具有深远影响。

（四）建设社会主义精神文明的坚强阵地

高校思想政治理论课不仅是高校教育的重要组成部分，更是建设社会主义精神文明的重要阵地。其在这一领域的特殊地位和作用，主要体现在以下方面：

第一，传承和弘扬社会主义核心价值观。高校思想政治理论课是传承和弘扬社会主义核心价值观的重要渠道。通过对课程的学习，学生能够深入理解和领会社会主义核心价值观的内涵和精髓，明确其在国家发展、社会进步和个人成长中的重要地位和作用。同时，课程还注重引导学生将社会主义核心价值观内化于心、外化于行，成为他们自觉遵循的行为准则和价值追求。

第二，培育和践行社会主义道德风尚。高校思想政治理论课在培育和践行社会主义道德风尚方面发挥着重要作用。课程通过系统的教学和实践活动，引导学生树立正确的道德观念，培养他们的道德责任感和道德实践能力。同时，课程还注重引导学生关注社会现实，积极参与社会道德建设，成为社会主义道德风尚的积极倡导者和践行者。

第三，推动社会主义文化繁荣兴盛。高校思想政治理论课是推动社会主义文化繁荣兴盛的重要力量。课程不仅传授马克思主义文化理论和中国特色社会主义文化思想，还注重引导学生了解和欣赏中华民族优秀传统文化、革命文化和社会主义先进文化。通过对课程的学习和实践，学生能够增强文化自信和文化自觉，成为推动社会主义文化繁荣兴盛的积极力量。

第三节　高校思想政治理论课程的定位与作用

一、高校思想政治理论课程的定位

高校思想政治理论课作为高等教育体系中不可或缺的一环，其定位不仅关乎学科属性的界定，更涉及教育目的与政治功能的深刻内涵。从宏观视角审视，该课程无疑是执政党执政理念的主旋律，它承载着传播和强化主流意识形态、塑造青年学子价值观念的重任。在这一层面上，高校思想政治理论课不仅是对知识的传授，更是一种对上层建筑意识形态领域的构建与维护，其政治课的本质属性不言而喻。

进一步而言，高校思想政治理论课定位的独特性在于其将理论教育与政治导向紧密结合，旨在通过系统的理论学习，使学生深刻理解并认同国家的政治体制、价值观念及社会制度，从而培养出具有坚定政治立场、高度社会责任感及良好公民素养的未来社会栋梁。此定位要求高校思想政治理论课既要遵循教育的一般规律，又要紧密贴合时代发展的政治需求，实现理论性与实践性的统一，知识传授与价值引领的双重使命。

二、高校思想政治理论课程的作用

（一）启迪与感悟

高校思想政治理论课在大学生成长过程中的作用，首要且核心的一点体现在其具有启迪与感悟的功能上。一个人的成长，不仅是知识技能的累积，更是心灵世界的丰富与精神境界的提升。这一过程，本质上是一个不断感悟、持续启迪的历程，其中，家长、学校、社会环境乃至个人的生活经历都扮演着不可或缺的角色。大学时期，作为大学生即将步入社会最后的学习阶段，其重要性不言而喻。而在这一关键时期，给予他们积极的感悟与启迪，不仅不应结束，反而应当更加深入、系统和全面。

思想政治理论课教师，作为知识的传播者、思想的引领者，不仅承载着传授理论知识的任务，更肩负着以自身的人格魅力、深厚的品德修养和丰富的社会阅历去启迪和感染大学生的重任。他们通过课堂讲解、案例分析、实践探讨等多种形式，将抽象的理论知识与现实的社会生活紧密相连，引导大学生在思考中学习，在学习中感悟，从而在潜移默化中帮助他们树立正确的世界观、人生观和价值观。

启迪与感悟的过程，是大学生精神成长不可或缺的一环，它不仅能够帮助大学生在复杂多变的社会环境中保持清醒的头脑和坚定的立场，还能够激发他们对社会、对人生的深刻思考，促使他们在实践中不断探索、勇于创新。因此，高校思想政治理论课在启迪大学生思想、促进其精神成长方面的作用，是其他课程所无法替代的。

（二）知识的传授

高校思想政治理论课在大学生成长成才的过程中，其知识的传授作用同样不可忽视。感悟是经验的提炼与升华，而经验的形成与深化，必须有扎实的理论作为支撑。没有理论的指引，经验可能变得盲目而片面，感悟也可能流于表面，缺乏深度与广度。高校思想政治理论课正是为大学生提供这样一种理论支撑的重要平台。在这里，大学生们可以系统地学习马克思主义基本原理、中国特色社会主义理论体系等核心课程内容，深入了解党的路线、方针、政策以及国家的发展战略。这些理论知识不仅为他们提供了分析社会现象、理解历史进程的工具，更为他们形成正确的世界观、人生观和价值观奠定了坚实的基础。

通过理论知识的学习，大学生能够更好地将个人的感悟与经验上升到理论层面进行思考与总结，从而实现从感性认识到理性认识的飞跃。同时，理论知识的学习还能够培养他们的批判性思维和创新意识，使他们在面对复杂多变的社会现象时能够保持清醒的头脑和独立的判断力。因此，高校思想政治理论课在知识的传授方面所发挥的作用，不仅是大学生成长成才的必然要求，也是他们走向社会、服务人民、实现自我价值的坚实基础。通过这一平台的学习与锻炼，大学生们将能够更好地肩负起时代赋予他们的历史使命和责任担当。

（三）信念的确立

高校思想政治理论课在大学生成长与发展的历程中，还承担着确立信念的重要使命。信念，作为个体精神世界的核心，是引导人们行为、抉择的内在力量。对于大学生而言，确立坚定的信念，不仅关乎其个人的成长方向与价值追求，更关系到国家和民族的未来。

高校思想政治理论课通过系统的教学内容和多样的教学方法，帮助大学生深入了解党的历史、国家的发展道路以及社会主义核心价值观等核心内容，这些课程不仅传授知识，更注重引导大学生在思想上、情感上认同并接受这些核心理念，从而逐渐形成坚定的信仰和信念。在这一过程中，思想政治理论课教师发挥着至关重要的作用。他们不仅要传授理论知识，更要通过自身的言行、对信仰的坚守以及对国家和民族的深厚情感，感染和影响大学生。这种言传身教的方式，使得大学生在潜移默化中受到熏陶，逐渐树立起对党、对国家、对社会主义的坚定信念。

信念的确立为大学生提供了强大的精神支柱。在面对生活和学习中的困难与挑战时，坚定的信念能够激发他们的斗志和毅力，使他们能够勇往直前、不懈奋斗。同时，信念的确立也使得大学生在多元文化的冲击和复杂社会现象的影响下，能够保持清醒的头脑和坚定的立场，不迷失方向，不随波逐流。

（四）行动的引导

高校思想政治理论课在大学生成长与发展的历程中，还扮演着引导行动的重要角色。理想信念，作为个体精神世界的灯塔，其最终的价值与意义在于能够引领和指导人们的实际行动。无论这些理想信念处于怎样的层次和深度，它们都必须通过具体的行动来体现和实现。

高校思想政治理论课通过系统的教学内容和丰富的教学实践，不仅能帮助大学生确立起坚定的信仰和信念，更注重引导他们将这些理想信念转化为实际行动的力量。课程注重理论与实践相结合，鼓励大学生将所学的理论知识运用到实际生活中，通过参与社会实践、志愿服务、创新创业等活动，将个人的理想信念与国家和民族的发展紧密相连。在这一过程中，教师不仅是传授理论知识，更要通过案例分析、实践探讨等方式，引导大学生深入思考如何将理想信念转化为具体的行动计划和实践步骤。同时，教师还通过自身的示范和引领，鼓励大学生勇于担当、积极行动，将个人的理想追求融入国家和民族的发展大局中。

第四节　高校思想政治理论课程在立德树人中的关键作用

就教师而言，"立德"意味着教师自身拥有高尚的德行并对学生起到道德垂范作用。至于"树人"，也并非仅在道德方面对教师进行培育。除了道德方面，一个人是否拥有正常生存所需的智力、体力、审美能力与劳动能力同样值得关注。换言之，促进人的全面发展才是"树人"的核心所在。

"立德树人是当前高校教育的核心任务，而思想政治教育又是实现立德树人的重要途径。"[①] 高校立德树人核心在于围绕学生、关切学生、服务学生，立足于实现中华民族伟大复兴的中国梦的背景，将社会主义核心价值观贯穿其中，不断提升学生在德、智、体、美、劳方面的素质，尤其要引导学生立大德、守公德、严私德，使学生从根本上形成社会主义事业奋斗终身的超越性道德，进而使学生真正成为社会主义事业需要的人才。

一、高校思想政治理论课程在立德树人中的作用

（一）政治导向

思想政治教育具有鲜明的政治性，是在党和国家的路线、方针、政策

---

① 王潇敏.浅谈立德树人视域下高校思政课满足大学生发展需求的路径 [J]. 国家通用语言文字教学与研究，2023（12）：31.

指引之下，制定一定目标，组织学生围绕着党的纲领、理论、路线、方针、政策展开学习，影响学生的政治态度、思想观念、价值理念，进而帮助学生形成正确的行为规范。由此，可将高校思想政治课在立德树人中的政治导向作用理解为对大学生的政治立场、政治态度进行严格把关，引导大学生的政治方向，保证大学生思想不偏离，使大学生自觉听党话、跟党走。具体而言，高校思想政治课在立德树人中的政治导向作用主要体现在两方面。

1. 树立共同理想信念是政治导向作用的核心

理想似灯塔，指引人生的前进方向；信念似船舵，决定事业的兴衰成败。理想信念是精神之"钙"，钙足则骨强，才能铸一身钢筋铁骨。当前，经济全球化、文化多样化的趋势不可避免，多元的社会思潮开始"轮番登场"，高校是文化生产、创造、传播的前沿阵地，多元的社会思潮紧锣密鼓地在高校中展开渗透，部分大学生的思想与观念不可避免地受到了影响，在一定程度上出现了理想信念模糊、不坚定甚至丧失的问题。高校思想政治课作为引领大学生不断成长、成才的关键一课，教师应清醒地认识到高校意识形态工作面临的挑战，应以"立德树人"为根本任务，面向全体大学生，将理想信念教育作为主线贯穿课堂全过程，对大学生进行全方位的政治引导，以马克思主义理论夯实大学生的思想基础，坚定大学生的理想信念。

2. 构筑政治认同是政治导向作用的旨归

高校思想政治课是思想政治教育的主渠道，构筑大学生的政治认同亦应是其基本内容之一。

（1）高校思想政治课的本质落脚于构筑大学生的政治认同

之于中国特色社会主义高校，思想政治课的教与学的过程实质上就是向大学生传输马克思主义基本立场、观点、方法的过程，是促进社会主义意识形态走进大学生头脑并使其内化为大学生的政治认识、态度、情感与行为的过程。这一过程也即构筑大学生政治认同的过程。

（2）高校思想政治课的价值体现于构筑大学生的政治认同

大学生对主观需求的满足程度是衡量一堂思想政治课价值的尺度。就个体价值而言，高等教育阶段是大学生构筑政治认同的"拔节孕穗期"。

在这一关键时期，高校思想政治课作为大学生的必修课，对大学生的政治认识、政治态度、政治情感及其由此产生的政治行为均具有不可替代的决定性作用。就社会价值而言，高校思想政治课直接关系政治意识的传播、政治行为的引导、政治人才的培育以及政治关系的协调。概言之，满足个体和社会的政治认同需要是高校思想政治课的价值所在。高校思想政治课在立德树人中的政治导向作用甚为关键、不可替代。

（二）价值引领

引领，意指引导、带领。价值引领，强调引领者对受引领者的循循善诱，使受引领者在教育过程中自觉形成正确的思想价值取向。价值引领置于高校思想政治课的语境之下，意指高校思想政治课教师在教学过程中，通过向大学生传授正确的价值标准与内容，增强大学生的价值判断能力、选择能力、塑造能力，从而指引大学生的价值认识、价值取向与社会发展同向同行。

一直以来，意识形态领域是我们与敌对势力展开激烈斗争的主阵地。高校思想政治课作为传播国家主流意识形态的重要渠道，应自觉弘扬反映全国各族人民价值共识、精神面貌的社会主义核心价值观。社会主义核心价值观是一个国家、一个民族的稳定器。培育和践行社会主义核心价值观就是高校思想政治课教学过程中的价值遵循，即高校思想政治课在立德树人中价值引领作用的集中体现。其中，"富强、民主、文明、和谐"体现了个人应当追求的国家富强之"大德"；"自由、平等、公正、法治"体现了个人应当守护的社会安定之"公德"；"爱国、敬业、诚信、友善"体现了个人应当遵守的严于律己之"私德"。而价值引领作用的发挥在于充分发挥其在国家、社会和个人层面的作用。

以社会主义核心价值观贯穿高校思想政治课，就是要以主流价值建构道德规范，指引大学生"明大德、守公德、严私德"，同时这也恰恰和立德树人之"立德"的具体内涵不谋而合。高校思想政治课通过对学生进行社会主义核心价值观的教育，引导大学生"明大势、知大任"，使自身奋斗与时代同频、与社会同向、与国家同行。

（三）道德规范

规范，意指明文规定的标准。道德，意指在人类生活中，对善恶这类现象的现实反映。道德规范并非强制性的，通常是人们约定俗成的，不依赖国家强制力。道德规范作用的运行机理在于一定的社会或阶级对其成员施以道德影响活动，促进其成员接纳、遵循一定的道德规范要求并按其标准立身处世，进而增加道德认知、陶冶道德情操、提高道德自律能力、规范道德行为。因而，道德规范作用不仅是需要社会成员明白并掌握道德规范的相关认识，更多的是强调社会成员内化道德规范、践履道德规范，形成良好的道德品行，构建成员与成员之间良好、融洽的道德关系，推动社会道德风尚的进步。高校思想政治课作为立德树人的关键课程，需要规范大学生的德行，引导大学生"明大德、守公德、严私德"。

（四）精神激励

激励，意指给予动力、驱使。而精神是在生产与实践中不断感悟、提炼而来的，并对人的认识和实践活动产生指导和驱动作用的现实存在。精神蕴有凝聚和激励人的力量。人类的社会生活离不开精神动力。精神激励是一种主导性、持久性的激励形式，是满足人高层次心理需求的根本性激励，旨在充分调动人的积极性、主动性和创造性，具有持久的内驱动作用。

我们党的思想政治教育具有精神激励的作用，表现为以意识形态为核心，以精神文化为纽带，充分调动社会成员的社会主义积极性、主动性、创造性，借此推动社会文明进程，实现国家发展战略。

高校思想政治课的精神激励作用主要展现为合理、有效地挖掘课程中的精神资源，通过一定的方式将精神资源转变为精神动力，以调动大学生的积极性、主动性、创造性，提升大学生的精神状态与精神境界，实现课程的育人目标。以高校思想政治课中的爱国主义教育为例，精神激励作用发挥的机理在于高校思想政治课通过精选关于爱国主义的资源，将其传授给大学生，使大学生形成"爱国情、强国志、报国行"。在这样的一个由认知建构转向行动选择的过程中，认知建构仅仅是其中一个环节，在一定认知、思想及观念作用下产生的行为才是精神激励作用的最终目标。通过发挥精神激励作用，高校思想政治课调整大学生的精神状态、改善大学生的人际关系、激发大学生的创造力、培养大学生的使命感。可以说，高校思想政治课在立德树人中发挥的精神激励作用甚为关键、不可替代。

二、高校思想政治理论课程在立德树人中的价值

高校思想政治理论课在立德树人中发挥关键课程作用，之于大学生，有助于其成为社会主义建设者和接班人；之于高校思想政治理论课，有助于其在守正创新中得以改进；之于高校，有助于确保其社会主义办学方向。

（一）有助于培育社会主义建设者和接班人

立德树人的落脚点在于"人"，人的全面发展包括五育并举，德、智、体、美、劳五个方面，每个方面都有独特的内涵与价值，它们相互联系，共同构筑人的全面发展体系。其中，"德"与立德树人之"德"内涵一致，德育需要对大学生进行大德、公德、私德教育。智育需要引导大学生丰富学识、拓展眼界，做到探求真理、领悟道理、明辨事理。体育要求树立健康优先的理念，帮助大学生在体育锻炼中强健体魄、锤炼意志。美育要求坚持以美育人，增强大学生的审美意识，提高大学生的人文素养。劳育要求带领大学生参加劳动，形成崇尚劳动、尊重劳动的良好风气。在我国现阶段，高校思想政治课在立德树人中发挥关键课程作用，也即推动五育并举，将大学生培养成社会主义建设的中坚力量。

（二）有助于在守正创新中改进高校思想政治理论课程

所谓守正，意指坚守正道、固本培元，表现为坚守事物的本质联系，根据事物的本质规律办事。就高校思想政治理论课而言，守正就是要坚持马克思主义的指导思想，坚持党对高校思想政治理论课的全面领导，坚持以习近平新时代中国特色社会主义思想武装头脑、指导实践，这事关高校思想政治理论课的发展方向。

创新意指革故鼎新，表现为打破旧的思维定式，积极面对新形势、应对新挑战，有意识、有目的地在工作思路与方法上开拓创新，实现"新"

的飞跃。就高校思想政治理论课而言，创新就是要聚焦于新时代中国特色社会主义的伟大实践，更好、更恰当地利用新兴技术，创新教学理念、教学方法等，全面提升高校思想政治课的实效性。这事关高校思想政治理论课的发展动力。

高校思想政治理论课的"守正"与"创新"是辩证的统一体。离开"守正"谈"创新"，高校思想政治课就会偏离方向；离开"创新"谈"守正"，高校思想政治课就容易丧失改进的动力。"守正"是基础、前提，"创新"是方式、手段。高校思想政治理论课在立德树人中发挥关键课程作用，有助于高校思想政治课在守正创新中改进，具体表现在两方面。一方面，在守正中改进。高校思想政治理论课将主流意识形态教育贯穿课程始终，以马克思主义引领多元社会思潮，增强大学生对党、对国家的认同感与归属感。另一方面，在创新中改进。高校思想政治理论课以新局势、新任务、新要求为出发点，创造新经验。

第一，理念创新。高校思想政治理论课要打破传统思维的桎梏，以敏锐和开放的思想打开教学新局面。

第二，内容创新。高校思想政治理论课要对外来文化进行筛选、吸收、借鉴，加强对优秀传统文化的挖掘与阐释，立足于中国具体实际，不断丰富和发展课程的内容体系。

第三，方法创新。高校思想政治理论课要借助现代媒体技术，丰富教学载体、改进教学方式，使一堂思想政治课生动活泼、寓教于乐，构建一个涵盖视觉、听觉，与文本相融通的立体化教学新形态。

（三）有助于确保高校的社会主义办学方向

当前，我们正为实现中华民族伟大复兴的中国梦而不懈奋斗，抓好教育、走好中国特色的高等教育发展道路是为实现中国梦赋能的关键一招。我国特殊的历史、文化、国情决定了照搬西方模式是不可行的，走符合中国国情的高等教育发展道路、办好中国特色社会主义高校才是切实可行的。在我国高校课程体系中，作为高校思想政治教育主渠道的思想政治课，需高度关注大学生的政治方向、思想和灵魂问题，需积极引导大学生将集体利益摆在首位，报效祖国、服务人民，即所谓的"大德"。"大德"是高校思想政治课承载的内核，高校思想政治理论课将"大德"内化为大学生之德，使大学生坚定不移地听党指挥、紧跟党走。

三、高校思想政治理论课程在立德树人中发挥作用的原则

（一）理论性与实践性相统一

理论与实践相结合是中国共产党在长期思想建设实践中总结出来的根本方法与历史经验，是高校思想政治课改革创新需坚持的原则，亦是高校思想政治课在立德树人中发挥关键课程作用应遵循的原则。

第一，遵循理论性。高校思想政治课具有理论性，体现为知识与教学的科学性、学理性、逻辑性、系统性，以及知识对现实的阐释力与干预力，强调以科学理论培养人才。遵循理论性就是要通过对大学生传输马克思主义理论，以其学术性及理论品格的魅力吸引、感召大学生，培养大学生利用马克思主义审视、剖析、处理难题的能力，增进大学生对马克思主义的认同与信仰。

第二，遵循实践性。高校思想政治课具有实践性，体现为教学内容的实际性、具体性、直观性与教学形式的现实性、运用性和行动性，强调高校思想政治课要关照现实。遵循实践性就是要在课堂内、外多个场域展开不同形式的实践教学，例如在校内组织唱红歌比赛，在校外组织参观当地红色革命遗址、进行社区志愿服务。这一系列实践活动能够帮助大学生进一步了解外面世界，提高大学生的实践能力，真正使马克思主义理论在大学生的精神世界中落地生根。

第三，为了推动高校思想政治课在立德树人中更好地发挥关键课程作用，就需将理论性与实践性统一起来。理论发轫于实践，实践需理论指引。实践只有在正确理论的指引下，才能保持正确的方向。理论又需在实践中得以检验其真理性，并在实践中得到完善与发展。只有将理论性与实践性相统一，才能在高校思想政治课中既传播理论知识，又直面现实；才能让大学生在彻底领悟理论的基础上，实现知识认同向思想认同、价值认同的创造性转换；才能使大学生在正确理论的指引下，在丰富多彩的实践中，以价值认同推动大学生的主体自觉行动，最终实现既促进大学生发展，又推动社会进步的"双赢"局面。

（二）主导性与主体性相统一

高校思想政治课堂是教师的"教"与学生的"学"的有机统一。而以"主导主体论"为基本理论遵循，高校思想政治课课堂则体现为"高校思想政治课教师为主导"与"大学生为主体"的有机统一，这充分明晰了在高校思想政治课课堂中教师与学生的角色定位及功能的发挥。即高校思想政治课教师要对大学生进行引导，同时大学生作为学生不能丢失积极性、主动性与创造性。

1. 发挥教师的主导性

主导性即教师通过组织、设计、把控课堂来对大学生进行价值引领和活力激发。需要注意的是，这种主导性并非等同于对教学活动的主宰与支配。具体化到高校思想政治课堂中，一方面，教师需牢固树立马克思主义在高校思想政治课中的指导思想地位，要善于运用习近平新时代中国特色社会主义思想来武装大学生的头脑并有效回应大学生的疑惑。另一方面，要利用好马克思主义这一思想武器来对抗形态各异的错误思潮，充分彰显高校思想政治课教师在课堂中的思想主导作用。

2. 发挥大学生的主体性

主体性即大学生对教师所传授内容与价值理念的吸收、接纳、认同、内化、外化。发挥大学生的主体性，需在以下方面着力。

（1）着力挖掘大学生的主体需求

要紧扣大学生的特点，善于倾听、重视、分析源自大学生个体或群体的诉求，把握大学生在成长成才过程中的实际需求，引导和启发大学生解决疑惑的问题，努力增强教学体系的衔接性、教学内容的契合性与教学方法的适应性。

（2）着力挖掘大学生的主体发展

在关注到高校思想政治课政治性、阶级性的同时，要重点关注大学生的个体发展，即更多关注大学生的思想情况、心理状态、成长状况，要在教育教学过程中充分彰显教育的意义与大学生发展的意义，让大学生意识到高校思想政治课对其成长与发展的奠基性作用，进而积极作为"主体"积极参与到课堂中来。

（3）着力挖掘大学生的主体差异

要善于利用现代科学技术对大学生群体的思想特点、心理状况、语言接受程度、行为特质进行检测、分析、研判。在此基础上，针对不同大学生的特点制订不同的课程教学方案、采取不同的教学方法，实现最大程度的思想政治教育精准化。

主导性与主体性是密切联系并统一于高校思想政治课的教学实践之中。教师主导性的发挥，是学生主体性呈现的重要基础；学生主体性的呈现，是教师主导性发挥的基本依托。只有遵循主导性与主体性相统一的原则，高校思想政治课的实效性才能得到有效提高，才能在立德树人中发挥关键课程作用。

（三）建设性与批判性相统一

就建设性的本身而言，建设性即对事物发展具备的推进作用。将其置于高校思想政治课立德树人的论域之中，建设性指在高校思想政治课堂中弘扬社会主义核心价值观、正面传导我国主流意识形态，做好传播主旋律、正能量工作，培养大学生对主流意识形态的认同感。具体而言，坚持讲政治要注意讲政治的方式，要善于用学术话语、学理阐释、学理分析来讲好政治，真正以理论说服学生、以真理引领学生。要有价值引领地建设，紧紧围绕着"立德树人"这一根本任务，引领大学生培育和践行社会主义核心价值观，塑造大学生正确的世界观、人生观、价值观。

就批判性本身而言，批判性在哲学中也被称为"斗争性"，即富有洞察力、判断力、辨别力与斗争力。将其置于高校思想政治课立德树人的论域之中，批判性指在高校思想政治课课堂中批判对大学生产生不良影响的错误思潮、回应社会热点问题、纠偏大学生的思想行为。具体而言，要有主动意识的批判，马克思主义理论本身就是批判性的理论，要建立高校思想政治课的批判自觉。批判并非随心所欲地批判，并非夹带任何主观因素地批判，而要以问题为导向，理性地、科学地、实事求是地分析与批判。

建设性与批判性的有机统一是"立"与"破"的有机统一。"立"即发挥出建设性，就是旗帜鲜明地传播主流意识形态；"破"即发挥出批判性，就是敢于对错误社会思潮"亮剑"。只有将高校思想政治课的建设性和批判性结合起来，才能以"立"促"破"、以"破"促"立"，"立""破"

结合，高校思想政治课才能在立德树人中发挥出关键课程作用。

（四）统一性与多样性相统一

高校思想政治课是反映党和国家意志的课程，是对大学生进行主流意识形态灌输与教学的课程，是塑造大学生正确世界观、人生观、价值观和良好思想道德品质的核心课程。鲜明的政治性是高校思想政治课的本质属性。这一性质决定了高校思想政治课要站在为党育人、为国育才的高度，在教学目标、教材使用等方面要遵循统一规范、落实统一要求，引导大学生坚定"四个自信"，努力培养出有理想、敢担当、能吃苦、肯奋斗的新时代好青年。

高校思想政治课在立德树人中不仅需要以统一性为基础，同时也要兼顾多样性，做到因材施教，因地、因时制宜。具体而言，遵循多样性一是要因材施教。一方面，大学生由于智力发展、学习基础、家庭教育的不同而存在思想、心理、情感等方面的差异；另一方面，大学生由于年级、专业的不同存在差异。如文科学生与理科学生之间存在较为明显的差异，体育类、艺术类学生的思维也有不同特征。若高校思想政治课以大课堂的方式来对大学生进行授课，往往会导致教学缺乏针对性。故而高校思想政治课教学要重视、尊重大学生之间的差异，采取中班教学，并分专业对大学生进行授课，实现教学多样化，从而更好推动师生之间的交流互动。

不同地区的文化传统、社会环境有所不同，这造成了不同生源地的大学生也在思想与行为中存在差异。因而，高校思想政治课要充分挖掘本土资源，将优秀的本土文化融入课堂之中，进而丰富教学内容，创新教学方法，激发大学生的学习兴趣。大学生群体是在网络化环境中成长起来的，他们的身心发展与学习习惯都呈现出新特点。高校思想政治课要因时制宜，结合时代特征，充分探究与当代大学生相契合的教学模式。例如，充分利用互联网平台与新媒体技术，将信息技术融入教学过程，推动教学方式方法的改革创新。

高校思想政治课立德树人是统一要求与多样探索的双边互动过程。统一性是基础、是主轴，多样性是关键。只有围绕着统一性，高校思想政治课才能不断改革创新，充分彰显多样性。多样性又是在统一性基础上的多样，高校思想政治课对多样性的探索反过来会促进高校思想政治课统一性的落实。高校思想政治课于统一性与多样性之间的相互推动、促进、协同中更好地在立德树人中发挥关键课程作用。

四、高校思想政治理论课程在立德树人中发挥作用的路径

（一）强化立德树人的理念引领

强化理念的引领，是高校思想政治课在立德树人中发挥关键课程作用的起始端，是关键点。破解高校思想政治课在立德树人中发挥关键课程作用所面临的问题，不能仅将目光聚焦于课堂教学之中，更需要在人才培养的全局中予以正确的理念引领。基于此，高校应强化"立德树人"的目标理念、"以生为本"的过程理念、"大思想政治课"的建设理念对思政课的引领。

1. 强化目标理念引领

无论时代如何更迭，立德树人始终是我国高校的核心使命，亦是高校的立身之本。因此，我国高校要在人才培养问题上"溯本求源"，强化"立德树人"的目标理念引领。

一方面，高校需更好地调节现存的课程结构，在发展各类课程的基础上更加重视思想政治课，在发展各类专业课程的基础上提倡引入思想政治教育因子，实现"思想政治课程"与"课程思想政治"在立德树人中的协同效应。另一方面，高校需通过为马克思主义理论学科和课程体系建设提供资源配比、经费投入、人才支撑等方面的外部保障，推动该校的思想政治课成为重点课程、马克思主义理论学科成为重点学科、马克思主义学院成为重点学院。这不仅积极地响应了国家的政策要求，有针对性地贯彻和落实了国家颁布的有效措施，而且破解了高校思想政治课在课程体系中重视程度不高的问题，为高校思想政治课在立德树人中发挥关键课程作用提供了保障。

高校只有强化"立德树人"目标理念引领，才能在具体的人才培养实践中进行合理的整体规划并进行有的放矢的落实，才能真正落实立德树人工作。

2. 强化"大思想政治课"建设理念引领

"大思想政治课"强调高校思想政治课建设的极端重要性，意味着内涵式发展是高校思想政治课建设的重点方向。因此，各育人主体首先需要在思想上高度重视高校思想政治课的建设，要强化"大思想政治课"建设理念引领，光党中央重视思想政治课建设还远远不够，在党中央的正确引领之下，社会、地方、高校、教师都需要加强对思想政治课建设的重视。

（1）社会重视

社会重视旨在通过优秀榜样激励、坚强意志感染、高尚品质熏陶、良好习惯带动等形式，潜移默化地影响社会成员，实现思想政治课"润物细无声"的教育效果，为高校思想政治课建设营造出百花齐放、特色鲜明的氛围。

（2）地方重视

各地需要积极贯彻落实思想政治课建设相关政策，开展深入学习、用心领悟习近平关于思想政治课的重要讲话及其精神活动，通过抓高校思想政治课教师队伍的建设、评价体系的完善、特色举措的出台与落实等方面，不断促成各个地方形成"全国一盘棋、各地百花放"的大格局。

（3）高校重视

高校是思想政治课建设的主场域、主阵地。高校要高度重视思想政治课建设，切实"种好责任田"，充分整合校内资源，优化校内课程、科研、实践、文化、网络、心理、管理、服务、资助、组织等方面的资源配置，充分发挥协同育人作用，齐抓共管，推动"大思想政治课"建设理念入脑入心。

（4）教师重视

教师重视、教好，学生才能学好，才能在立德树人中发挥成效。一方面，教师要注重提升自己的素养，并建立职业认同感、职业使命感。只有建立对思想政治课教学工作的科学认知、高度认同与使命担当，才能激发教师立德树人的情感动力。另一方面，教师要提高积极性、主动性、创造性。这就需要完善教师的工作动力机制，提升教师的工作精神状态，建构教师工作的思路方法，激发教师立德树人的动力。

（二）优化高校思想政治课程教学过程

推动高校思想政治课在立德树人中发挥关键作用，不仅需以正确的理念引领、加强思想政治课教师队伍建设，更需从思想政治课内部出发，以优化思想政治课教学过程为根本点。

1. 优化高校思想政治课程教学内容

（1）增强教学内容的说服力

优化高校思想政治课教学内容的首要一招就是增强教学内容的说服力，即讲深、讲透、讲活理论。增强教学内容的说服力首先要讲好、讲透、讲活马克思主义基本原理，把握住高校思想政治课教学内容之"不变"。时代在变化，高校思想政治课的内容也需因时而进。虽然在此过程中，高校思想政治课的教材会不断修订、再版，但马克思主义基本立场、观点、方法不会改变。这就要求高校思想政治课教师在传授理论时，要抓住事物的根本，揭示事物发展的本质与规律，并引导大学生将所学理论应用到实践中，提高理论的现实阐释力并指导实践。增强教学内容的说服力要讲深、讲透、讲活马克思主义中国化的理论成果，尤其是要讲好习近平新时代中国特色社会主义思想。习近平新时代中国特色社会主义思想是一个系统完整、内容丰富、与时俱进的理论体系，这就要求将其作为主线贯穿于课堂中，创新高校思想政治课的知识体系、理论体系、话语体系，并帮助大学生从课堂中不断汲取理论的智慧，以理论武装头脑，使大学生成为习近平新时代中国特色社会主义思想的拥护者、传播者与践行者。

（2）增强教学内容的现实性

高校思想政治课应是与时俱进的课程，高校思想政治课的教学内容应是现实的、鲜活的。作为对大学生进行意识形态教育的课程，应增强教学内容的现实性。讲好现实的中国故事有助于增强教学内容现实性。

第一，高校思想政治课要讲好中国故事，例如中国经济快速发展的故事、中国航天进入"空间站时代"的故事，这些全民参与的"大故事"彰显着"中国之治"的显著优势，为高校思想政治课提供了现实、鲜活的素材。讲好这些"大故事"能够引领大学生打破"理论"与"现实"之间的鸿沟，切实体会到"中国共产党能""马克思主义行""中国特色社会主义好"。

第二，高校思想政治课要讲好根植于生活、现实沃土的"小故事"，这些与我们日常生活休戚相关的故事虽小，却释放着大能量。将这些"小故事"作为资源融入高校思想政治课的教学内容，亦能触动大学生的心灵，引导大学生将个人理想谱写到中国大地上，以更坚定的决心担当起时代的使命。

（3）增强教学内容的针对性

教学内容不仅需要较强的说服力与现实性，针对性也不可或缺。大学生群体思维活跃、善于创新。之于他们而言，照本宣科的教学方式已不再具备吸引力。这就需要增强教学内容的针对性，提高高校思想政治课堂的"到课率"与"抬头率"。

第一，针对社会中的不良现象进行剖析。由于高校思想政治课具有强烈的政治属性，在部分高校思想政治课堂中，教师对一些尖锐的社会不良现象只是轻描淡写般略过。然而，若不对当前社会存在的不良现象进行批判，就难以帮助大学生了解这些不良现象的严重危害。这就要求在高校思想政治课堂中，从历史与现实、理论与实践的高度来对当前社会中的问题进行剖析，通过对不良社会现象进行批判并对大学生进行正面引导，培养大学生的辩证思维能力及理性平和的心态。

第二，针对大学生的思想困惑进行解答。大学生在工作、生活、学习的过程中，不免存在一些思想困惑。这就要求高校思想政治课组织一些与大学生密切关联的教学内容，例如大学生的就业、创业、升学等，致力于解决大学生的现实需要，满足大学生成长成才的需要。

2. 优化高校思想政治课程教学方法

教学方法是教学的关键要素之一。长期以来，高校思想政治课在不断的发展与探索中积累了多样且新颖的方法。科学地选择教学方法并丰富教学方法，有助于更好地开展思想政治课教学，推动立德树人工作。

在高校思想政治课中，思想政治课教师是主导，大学生是主体。故在选择教学方法时既要以当代大学生的特点为依据，又要以高校思想政治课教师的特点为依据。

随着多媒体时代的到来，信息传播方式发生了革命性的改变，这不仅对当代大学生的学习环境、学习方式与学习习惯带来了深远的影响，也极大地冲击着传统的高校思想政治课教学。高校思想政治课也应因事而化、因时而进、因势而新，适应大学生的需求与时代的要求。这就要求高校思想政治课善用实践教学与新媒体技术，丰富教学方法。

3. 优化高校思想政治课程教学评价

优化教学评价对提高教学质量具有重要的推动作用。高校思想政治课作为立德树人的关键课程，优化其教学评价需确立发展性评价理念、建立科学的教学评价指标体系与优化教学评价方法的选择。

（1）确立发展性教学评价理念

完善高校思想政治课的教学评价，先要有明确的教学评价理念。过去大部分高校采取"量化"的评价方法对高校思想政治课教师的授课质量与大学生的学习质量进行评价，旨在通过精确化的测量来保证评价的客观性。然而这种重量化轻质化、重结果轻过程的教学评价方式容易出现异化现象，导致评价结果与高校管理者、教师、学生的利益挂钩，出现功利主义现象。因而，高校管理者、思想政治课教师、大学生应确立起发展性的评价理念，应清晰地认识到开展思想政治课教学评价的目的在于促进大学生成长成才与教师教学水平的提高，要重视大学生、思想政治课教师、高校在评价过程中的作用与主体地位，要让高校思想政治课教学评价成为高校、思想政治课教师、学生、家长共同参与的动态交互过程。

（2）建立科学的教学评价指标体系

相比高校里的其他课程，思想政治课具有特殊性，它不仅是向大学生传授专业知识与技能的专业课，是提高大学生人文素养的素质课，更是兼具夯实大学生理论功底、培养大学生专业能力、提高大学生综合素质的综合性课程。因此，高校思想政治课的教学评价应当是综合性的评价。基于此，高校要建立起融知识标准、能力标准、素质标准为一体的高校思想政治课教学评价指标体系。

第一，就知识标准而言，高校思想政治课应当通过开展教学互动，帮助大学生牢牢掌握马克思主义理论知识，深入学习中国共产党的理论创新成果，了解中国共产党的路线、方针、政策，以此达到丰富大学生的理论知识储备，夯实大学生的理论功底的效果。这些知识标准可以通过笔试、考核等"量化"方式进行测评。

第二，就能力标准而言，高校思想政治课应培养大学生理论联系实践的能力，应引领大学生使用所学理论知识处理实际生活中的问题并规范自身的行为。

第三，就素质标准而言，高校思想政治课应培养大学生在思想、政治、道德、心理等方面的素质。这些素质很难以"量化"的标准进行测量，这就要求通过对大学生在工作、学习、生活等方面的行为进行考核，例如遵纪守法情况、团结同学情况等。

（3）优化教学评价方法的选择

高校思想政治课教学评价滞后的原因之一就是教学评价方法的适应性不够。高校思想政治课教学评价的对象是多样的，教学评价的方法也应是多样的。针对不同的评价对象及不同对象之间的情况，教学评价方法的选择也应不同。一方面，在选择教学评价方法时，既需要适应教学规律，又要适应教学改革的现实需求，即传统的总结性评价转向过程性评价、量化评价转向"量与质"并行的评价方法。另一方面，在高校思想政治课具体的教学评价实践中，要根据不同的教学评价主体及其特征，选择与之匹配的教学评价方法，例如目标评价法、追踪调查法、总结评价法等。这些方法各有优势与缺陷，要善于根据不同的教学评价情况选择不同的方法。此外，值得注意的是，针对较为复杂的教学评价情况，可以对这些教学评价方法进行组合，得出"最优解"。

（三）助推形成立德树人的合力

高校思想政治课要在立德树人中发挥关键课程作用，仅依靠高校思想政治课堂是远远不够的，还需要从外部出发形成立德树人合力，予以支撑。因此，校内校外各方主体相互配合、相互协调、形成合力，可以推动高校思想政治课更好、更充分地发挥关键课程作用。根据历史唯物主义，历史合力是诸种力量所产生的综合力，如同物理学上的矢量和一样，并非完全同方向的力形成的总和。故而，校内校外立德树人合力也并非单个主体力量的简单相加，而是校内校外各方力量明确职责、发挥所长，形成"高校主导—家长参与—社会支持"的立德树人合力。

第一，高校主导。高校是立德树人的第一场域，高校内各主体需明确职责、发挥所长，协同发力。具体而言，高校思想政治课教师要讲深、讲透、讲活马克思主义理论，以彻底的理论回应大学生、说服大学生、感召大学生；专业课教师应着力挖掘专业课程中的立德树人资源，力求在传授专业课程知识的基础上引领大学生的思想；教师应在与大学生的相处中积极感知大学生思想波动、了解大学生的心理困惑并及时予以帮助；行政人员应坚守岗位，以勤勤恳恳、兢兢业业的职业精神感染大学生。

第二，家庭参与。在家庭场域中，家长作为育人的第一责任人，应主动了解大学生的思想、心理状况，并及时跟进学校的育人进程，保证立德树人效应在家庭场域中的"在场性"。

第三，社会支持。在社会场域中，政府、企事业单位、社区等社会力量需积极挖掘、整合育人资源，为立德树人工作提供支撑。例如，通过挂横幅、贴标语等方式宣传社会主义核心价值观，让置身于社会场域中的大学生在潜移默化中明善恶、知荣辱、崇高尚。

校内校外各方主体形成的立德树人合力灵活多样，开创了处处着力、处处有力的"大思想政治课"格局，有助于提高立德树人工作的针对性与实效性。

第一节 高校思想政治课程的内涵与内容

一、高校思想政治课程的科学内涵

将大学生纳入系统化的思想政治理论教学体系中，通过课程化的实施模式，构成了高校开展思想政治理论教育的有效路径。高校所开设的思想政治理论课程，深刻体现了我国社会主义大学的根本属性，并具体展现了其教学内容的核心价值。同时，该课程也扮演着连接教师教学与学生学习的关键桥梁和纽带的角色。作为一种具备独特性质的课程形态，高校思想政治理论课程承载着课程的一般性特征。因此，要实施思想政治理论教育教学，就必须从课程论的理论视角出发，全面深入地探讨和把握思想政治理论课程的本质属性与核心特征。

（一）课程的本质

课程的本质是学校为了实现教育目标，通过有目的、有计划、有组织的方式，精心设计并实施的一系列教育教学活动及学习活动。这一系列的过程，不仅包括了明确的课程目标，用以指引教学的方向和评价学生的学习成效，还涵盖了丰富多样的课程内容，这些知识、技能、态度和价值观的集合，构成了学生学习的主要对象。在这一本质框架下，课程的设计与实施注重促进学生全面发展，确保他们不仅可以获得学科知识的间接经验，还可以通过实践活动、实验操作、社会服务等途径积累直接经验。这种双重经验的获取，对于学生的健康成长至关重要。它不仅能够增强学生的认知能力，提高解决问题的能力，还能够促进其情感、态度、价值观的形成与发展，为学生成长为具有社会责任感、创新精神和实践能力的社会合格成员奠定坚实的基础。

此外，课程的本质还体现在其适应性和发展性上。随着社会的不断进步和科技的飞速发展，课程需要不断调整和优化，以适应时代的需求，反映最新的科学研究成果和社会发展趋势。同时，课程也应关注个体差异，提供多样化的学习路径和评估方式，以满足不同学生的学习需求，促进其个性化发展。

（二）课程的形式

课程内容需要借助于一定的形式表现出来，内容与形式相互联系，统一于课程之中，体现课程的本质。课程形式指课程设计的不同种类或方式。按照不同的分类标准，课程有不同的形式。按照组织形式不同，可分为学科课程、活动课程、综合课程；按照课程的显隐程度不同，可以分为显性课程、潜在课程。

1. 按照组织形式进行分类

（1）学科课程

学科课程是最古老、使用范围最广泛的课程形式。学科课程的精髓在于"学科"二字，它明确指出了课程编制的中心和焦点。这意味着，课程内容的选择、组织以及实施都紧密围绕着特定的学科领域展开，充分体现了学科的专业性和系统性。

在具体实施过程中，学科课程会依据教育目标和学科发展的需要，从各门学科中精心挑选出具有代表性、基础性和前瞻性的内容，作为学生学习的主要对象。这些内容不仅涵盖了学科的基本概念、原理和理论，还包括了学科的发展历程、研究方法以及实际应用等方面，旨在为学生提供全面、深入的学科知识体系。同时，学科课程在组织教材时，会严格按照学科自身的逻辑顺序和内在联系进行编排，确保学生能够按照学科的发展规律和认知规律进行学习。这种有序的组织方式不仅有助于学生对学科知识的理解和掌握，还能培养他们的逻辑思维能力和学科探究能力。此外，为了保证教学效果和学习质量，学科课程还会明确规定一定的学习课时数和期限，确保学生能够有足够的时间和精力来系统地、有序地学习并掌握学科知识。这种规定不仅体现了学科课程对学生学习进程的关注和把控，也体现了其对学生学习成果的负责和担当。

（2）活动课程

活动课程是在学科课程之外，由学校根据教育目标和学生的实际需求，有目的、有计划、有组织地开展的一种特殊而富有活力的课程形式。它的核心特征在于真正以学生为主体，将学生的实践活动置于课程的中心地位，强调实践性、自主性、创造性、趣味性以及非学科性的融合。

在活动课程中，学生不再是被动接受知识的对象，而是成为积极参与、主动探索的学习主体。他们有机会亲身参与各种实践活动，通过动手操作、亲身体验来学习和掌握知识。课程内容的选择和组织都紧密围绕着学生的实践活动展开，旨在通过丰富多彩、形式多样的活动内容，激发学生的学习兴趣和内在动力，使他们在实践中不断成长和进步。同时，活动课程还特别注重培养学生的实践能力、自主性和创新精神。它鼓励学生独立思考、自主探索，培养他们解决实际问题的能力。在活动中，学生可以充分发挥自己的想象力和创造力，尝试新的方法和思路，从而培养他们的创新意识和创新能力。

此外，活动课程还非常注重趣味性，力求让学生在轻松愉快的氛围中学习成长。它通过各种有趣的活动形式，例如游戏、竞赛、表演等，让学生在欢乐中学习，在学习中体验欢乐，从而激发他们的学习热情和积极性。这种课程形式的优势在于其灵活多样、贴近学生生活实际。它不受学科课程的严格限制和束缚，可以根据学生的兴趣和需求进行灵活调整和创新。这种灵活性不仅有助于激发学生的学习兴趣和动力，还能帮助他们更好地理解和应用所学知识，提升他们的综合素质和实践能力。因此，活动课程在培养学生的全面发展方面发挥着不可替代的作用。

（3）综合课程

综合课程是一种将具有内在逻辑或价值关联的原有分科课程内容以及其他形式的课程内容统整在一起的课程模式。这种课程模式的核心目的在于使学生形成对世界的整体性认识和全息理念，并培养他们深刻理解和灵活运用知识综合解决现实问题的能力。综合课程不是简单的课程叠加或拼凑，而是基于课程内容的内在联系和逻辑关系，进行有机的整合、重构，以形成一个更加完整、系统的课程体系。

依据综合的程度不同，综合课程可以进一步细分为相关课程、融合课程、广域课程、核心课程等类型。相关课程是指将具有某种内在联系的不同学科课程内容进行整合，以保持原有的学科界限为基础，强调学科之间的关联性。融合课程则是在相关课程的基础上，进一步打破学科界限，将不同学科的内容进行有机融合，形成一个新的、跨学科的课程领域。广域课程则是一种更加宽泛的课程综合形式，它涉及多个学科领域，旨在为学生提供一种更加广阔的知识视野和思维方式。而核心课程则是以某一核心问题或主题为中心，将不同学科的内容围绕这一核心进行组织和整合，以形成一个具有内在逻辑联系的课程体系。

就高校思想政治理论课来说，课程综合化的发展也是非常明显的。在过去，高校思想政治理论课往往采用分科教学的方式，例如"思想道德修养"和"法律基础"是两门独立的课程。然而，随着教育理念的不断更新和课程改革的深入推进，高校开始尝试将这两门课程进行整合，形成了"思想道德修养与法律基础"这一新的综合课程。这种整合不是简单的名称改变，而是在内容体系上进行深度融合。通过整合，两门课程的内容得到了更加有机的衔接和互补，避免了内容的重复和割裂，使学生能够在同一门课程中获得更加全面、系统的知识和技能。同时，这种综合化的课程模式也更加适应学生学习的需要，有助于提高他们的学习兴趣和积极性，培养他们的综合素养和解决问题的能力。

2. 按照课程的显隐程度分类

（1）显性课程

显性课程，也被称为正式课程或正规课程，是学校教育体系中最为明确、系统的一部分。这类课程的设计和实施都是为了实现一定的社会教育目标，具有明确的存在形式。显性课程在学校课程体系中占有主导地位，是学校有目的、有计划地组织实施的课程。它涵盖了各个学科领域，包括语文、数学、英语、科学、历史、地理等，每一门学科都有其明确的教学目标、教学内容和教学要求。显性课程注重知识的传授和技能的培养，通过系统的课堂教学和实践活动，帮助学生掌握基础知识和基本技能，为他们的未来发展奠定坚实的基础。

显性课程的特点在于其明确性和系统性。它有着清晰的教学目标、明确的教学内容和教学进度安排，以及相应的教学评价和反馈机制。这使得显性课程在教学过程中具有较高的可操作性和可控性，教师能够按照既定的教学计划有序地进行教学，学生也能够清晰地了解自己的学习目标和要求，从而有针对性地进行学习。

（2）潜在课程

与显性课程相对应的是潜在课程，它的主要特点是潜在性和非预期性。潜在课程不在正式的课程规划（教学计划）中反映，也不通过正式的教学中进行。然而，它对学生的知识、情感、信念、意志、行为和价值观等方面却起着潜移默化的作用。潜在课程通常体现在学校和班级的情境之中，包括物质情境、文化情境和人际情境等多个方面。

物质情境是潜在课程的重要载体之一，例如学校的建筑风格、设备设施等都会对学生产生一定的影响。一个优美、整洁、充满文化氛围的校园环境能够潜移默化地培养学生的审美情趣和环保意识。文化情境也是潜在课程的重要组成部分，包括教室的布置、校园文化的建设以及各种仪式活动等。这些文化元素能够营造一种积极向上的学习氛围，激发学生的学习动力和探索精神。人际情境则是潜在课程中最为活跃的因素之一，包括师生关系、同学关系以及学风、班风、校风、校纪等。一个良好的人际环境能够使学生感受到温暖和支持，培养他们的团队协作能力和社会责任感。

潜在课程虽然不具有显性课程的明确性和系统性，但它在学生的成长过程中却发挥着不可替代的作用，它通过潜移默化的方式影响着学生的内心世界和行为习惯，促进或干扰着教育目标的实现。因此，在教育实践中，我们应该充分重视潜在课程的开发和利用，努力营造一个良好的教育环境，为学生的全面发展提供有力的支持。

在教育教学的实践领域，显性课程扮演着传授科学文化知识、开发学生智力、培养学生综合能力及塑造社会主义核心价值观的核心角色，其重要性不容忽视。与此同时，潜在课程则从教育的物质环境、精神氛围以及制度环境等多维度出发，以一种"润物细无声"的渗透方式，通过丰富多样的实践活动，深切关注学生的精神成长，它不仅对学生的思想品德、行为选择及社会主义核心价值观形成有效引导，还与显性课程产生"共振"效应，共同作用于学生心灵的塑造。这一点在思想政治理论课的教学中体现得尤为突出。

（三）高校思想政治理论课程

高校思想政治理论课程，作为高等教育体系中的重要组成部分，其内涵丰富且多维，可以从广义与狭义两个层面进行深入理解。

从广义的视角来看，思想政治理论课程是一个综合性的教育体系，它以马克思主义理论为核心教育教学内容，旨在实现高校培养中国特色社会主义事业建设者和接班人的宏伟教育目标。这一广义的界定不仅涵盖了具体的教学科目，还涉及这些科目的教学目的、内容、范围、分量和进程的全面规划与设计。它强调教师教学活动、学生学习活动以及实践教学活动的有机结合，形成了一个完整且系统的教育过程。在这个过程中，学生不仅能够获取理论知识，还能通过实践活动深化理解，提高能力，真正将所学知识内化为自己的思想观念和行动指南。

从狭义的角度来审视，思想政治理论课程具体指学校开设的思想政治理论课程的总和，以及这些课程之间的开设顺序和时间比例关系。它关注的是某一门具体的思想政治理论课程，例如"毛泽东思想和中国特色社会主义理论体系概论"等，以及这些课程如何在学生的培养计划中有序安排，以确保学生能够系统地学习和掌握思想政治理论知识。

无论是广义还是狭义，思想政治理论课程都展现出了其独特的双重属性：它既具有一般课程的共性，又拥有自己的特殊性。作为理论教学环节与实践教学环节的有机统一，它不仅注重理论知识的传授，还强调通过实践教学活动让学生亲身体验和感受，从而加深对理论的理解和应用。同时，作为必修课程与选修课程的有机统一，它既保证了每个学生都能接受到基本的思想政治理论教育，又提供了多样化的课程选择，以满足不同学生的兴趣和需求。此外，作为显性课程与潜在课程教育教学活动的有机统一，它不仅在正式的课堂教学活动中发挥作用，还通过校园文化、师生关系等潜在因素影响着学生的思想和行为。

二、高校思想政治理论课程的主要内容

中华人民共和国成立以来，高校思想政治理论课程随着国家政治经济形势的变化和社会对高校培养人才思想政治素质提出的新要求，逐步走向科学化发展之路。在长期的育人实践中，我们已经形成了一整套思想政治

理论教育的内容体系，这一内容体系构成了思想政治理论教育教学的核心，反映了大学生思想政治素质培养的规律和要求。本科阶段的思想政治理论课程主要包括以下五门。

"习近平新时代中国特色社会主义思想概论"，该课程是普通高等学校对大学生进行系统思想政治理论教育的一门公共必修课，是高校政治理论课程中的核心课程。本课程旨在帮助大学生深入学习领会习近平新时代中国特色社会主义思想，引导学生学习领会这一思想的时代背景、理论渊源、实践意义，深刻理解核心要义、精神实质、丰富内涵、基本观点、实践要求，从而更好地掌握党的路线、方针和政策，帮助大学生树立正确的世界观、人生观、价值观，进一步增强"四个意识"、坚定"四个自信"、做到"两个维护"，厚植爱国主义情怀，把爱国情、强国志、报国行自觉融入建设社会主义现代化强国、实现中华民族伟大复兴的奋斗之中，努力成长为担当复兴大任的时代新人。

"马克思主义基本原理概论"，该课程作为思想政治理论课程的基础，系统而深入地介绍了马克思主义的基本原理和方法论。它不仅帮助学生全面掌握马克思主义的基本立场、观点和方法，还引导学生学会运用马克思主义的立场、观点和方法去分析和解决实际问题，培养学生的理论思维和实践能力。

"毛泽东思想和中国特色社会主义理论体系概论"，该课程全面阐述了毛泽东思想和中国特色社会主义理论体系的形成、发展及其主要内容。通过深入学习，学生可以深刻理解中国特色社会主义的理论体系和实践要求，增强对中国特色社会主义的道路自信、理论自信、制度自信、文化自信，坚定走中国特色社会主义道路的决心和信心。

"中国近现代史纲要"，该课程通过讲述中国近现代史上的重大事件和重要人物，帮助学生全面了解国史、国情。同时，课程还深刻剖析了历史和人民是怎样选择了马克思主义、选择了中国共产党、选择了社会主义道路，引导学生从历史的角度认识和理解中国特色社会主义的伟大实践。

"形势与政策"，该课程通常以讲座和报告的形式进行，旨在帮助学生及时了解国内外形势和政策动态。通过对课程的学习，学生可以培养敏锐的政治敏锐性和分析能力，学会从政治的高度观察和分析问题，为将来的社会实践和政治参与打下坚实的基础。

第二节 高校思想政治课程的结构

思想政治理论课程承担着立德树人的重大使命，作为高校课程体系的重要组成部分，它既有一般学科所共有的学科课程的属性，又有其他学科课程所不具有的国家课程的特点，还有严格科学的编排顺序。

一、思想政治理论课程的结构

思想政治理论课程作为高等教育体系中的重要组成部分，其课程体系的内容并非孤立存在，它深刻体现了课程结构的内在要求和逻辑联系。课程结构是指课程内容的组织方式及其各部分之间的相互关系，它构成了课程体系的骨架和脉络。对于思想政治理论课程而言，其结构可以从纵向与横向两个维度进行深入剖析。

纵向结构是思想政治理论课程结构的一个重要方面，它主要依据课程的不同主体权力进行划分。具体而言，纵向结构可以细分为中央、地方、学校三级课程结构。中央层面的课程结构体现了国家对思想政治理论教育的宏观指导和总体要求，具有全局性和统一性；地方层面的课程结构则结合了各地区的实际情况和发展需求，对中央课程结构进行具体化和地方化的解读与实施；学校层面的课程结构则是在中央和地方课程结构的基础上，结合学校的办学特色和学生需求，进行微观层面的课程设计和实施。这三个层面的课程结构相互衔接、相互补充，共同构成了思想政治理论课程的纵向结构体系。

横向结构是思想政治理论课程结构的另一个重要维度，它主要关注的是具体学科之间的结构关系。在思想政治理论课程体系中，不同的学科之间并非孤立存在，而是相互关联、相互渗透的，它们通过共同的主题、问题或方法论等纽带相互联结，形成了一个有机整体。这种横向结构不仅有助于学生在不同学科之间建立联系，形成全面的知识体系，还有助于培养学生的跨学科思维和综合分析能力。

二、思想政治理论课程结构的特征

思想政治理论课作为高校教育教学体系的重要组成部分，其课程结构承载着给学生传授知识、培养学生能力的重任。为了更好地发挥其在立德树人方面的重要作用，思想政治理论课的课程结构呈现出一系列独有的特征，具体如下。

（一）意识形态性

2022 年 4 月 25 日，习近平在中国人民大学考察时明确指出，"思政课的本质是讲道理，要注重方式方法，把道理讲深、讲透、讲活"[①]。他在"3·18 讲话"中也强调："讲好思政课不仅有'术'，也有'学'，更有'道'。"[②]而要深刻理解思政课"讲道理"的本质及其"术""学""道"之间的关系，首先需要把握马克思主义关于意识形态的本质和特征思想。

马克思主义认为，意识形态是系统地反映社会经济形态和政治制度的思想体系，它体现特定阶级或社会集团的利益和要求。在社会主义国家，意识形态性体现在思政课程中，就是要坚持马克思主义的指导地位，传播社会主义核心价值观，培养具有共产主义理想和中国特色社会主义信念的新时代人才。

思政课程作为意识形态教育的重要载体，其教学内容、方法和目标都深受意识形态的影响，思政课程要传授的不仅是知识，更重要的是价值观和思想观念，它要通过理论讲授、案例分析、实践探索等多种方式，引导学生树立正确的世界观、人生观和价值观，增强他们的国家意识、社会责任感和使命感。

同时，思政课程的意识形态性还体现在其对社会思潮的引领和批判上。在当今社会，各种思潮涌动，其中不乏一些与社会主义核心价值观相悖的观点。思政课程要敢于直面这些思潮，用马克思主义的理论武器进行剖析和批判，引导学生明辨是非，坚守正确的思想阵地。

---

① 习近平.习近平在中国人民大学考察时强调 扎根中国大地 走出一条建设中国特色世界一流大学新路 [J].中国人才，2022（6）：2+1.

② 习近平.思政课是落实立德树人根本任务的关键课程 [J].内蒙古宣传思想文化工作，2020（10）：4–11.

（二）教育性

教育性是思想政治理论课程结构的重要特征，它深刻体现了该课程在人才培养中的核心地位和重要作用。德育素质作为人才素质的灵魂，涵盖了思想道德素质、法律素质等多个方面，而思想道德素质又进一步由思想政治素质和道德素质构成。在这一系列素质中，思想政治素质无疑是大学生最重要的素质之一，它关乎学生的政治立场、价值观念以及社会责任感等核心要素。

思想政治素质的形成是一个渐进且复杂的过程，它离不开科学理论的指引和熏陶。在这一过程中，思想政治理论课发挥着不可替代的作用。该课程结构充分体现了其教育性的特征，将马克思主义作为指导思想和灵魂贯穿始终。马克思主义不仅为党和国家提供了科学的理论指导，也为高校思想政治教育提供了坚实的理论基础和价值导向。

通过课程结构的设计和实施，思想政治理论课致力于将马克思主义的基本原理、立场和方法论传授给学生，帮助他们树立正确的世界观、人生观和价值观。同时，该课程还注重培养学生的道德素质、法律素质及其他相关素质，致力于使他们成为德、智、体、美、劳全面发展的社会主义建设者和接班人。

（三）独立性

思想政治理论课在高校课程体系中占据特殊的地位，其课程结构集思想性、政治性、知识性于一身，具有鲜明的价值导向。这一特性使得思想政治理论课与其他知识类、技能类课程区分明显，展现出了其特有的独立性。

思想政治理论课的独立性首先体现在其理论支撑上。该课程以马克思主义的思想政治教育学为理论支撑。这一理论基础为课程提供了坚实的思想保障和理论指导。马克思主义作为科学的理论体系，为思想政治理论课提供了丰富的思想资源和理论武器，使得该课程在理论体系上具有鲜明的独立性和自主性。

思想政治理论课的独立性还体现在其实践基础上。该课程以丰富的思想政治理论教育实践为实践基础，通过长期的实践探索和经验积累，形成了独具特色的教学实践模式和方法。这些实践经验和教学模式为思想政治理论课提供了坚实的实践支撑，使得该课程在实践层面上也具有鲜明的独立性和创新性。

尽管思想政治理论课的课程结构在形式上可能与其他一般课程有某些相似之处，但从总体上看，其课程结构呈现出明显的独立性。这种独立性表现在课程的设计、实施、评价等各个环节中，使得思想政治理论课能够按照其自身的逻辑和规律进行发展、完善。

思想政治理论课的独立性还体现在其存在和发展并不依赖其他学科的课程结构。该课程具有自身独特的教学目标和任务，不需要依赖其他学科的知识体系或课程结构来支撑其存在和发展。这种独立性使得思想政治理论课能够在高校课程体系中保持其独特的地位和影响力，为培养具有高尚思想道德品质和坚定政治立场的人才发挥着重要作用。

（四）综合性

思想政治理论课蕴含着深刻的综合性特征，这种综合性体现在多个层面，既与人的思想品德形成的多元因素密切相关，也与当今时代科技迅猛发展、社会环境复杂多变的背景紧密相连。

人的思想品德现状总是与其所处的社会环境息息相关。这些因素相互交织、相互影响，共同塑造着个体的思想品德。因此，要有效引导人的思想品德向符合社会需要的方向发展，就必须采取标本兼治、综合施策的方法。思想政治理论教育不能孤立地进行，而需要与社会各领域的实践紧密结合，形成全方位、多层次的教育合力。

人的思想品德的形成因素也是复杂多变的，它不仅受个体知识、心理、情感、意志、行为等内在因素的影响，还受到社会环境、家庭背景、文化背景等外在因素的制约。这就要求思想政治理论课在构建课程结构时，必须充分考虑这些因素的综合作用，实现课程内容的多元化和教学方法的多样化。

当今时代科技日新月异，特别是信息技术的迅猛发展，极大程度上改变了人们的交往方式、生活方式、学习方式、工作方式等。这种变化对思想政治理论课提出了新的挑战和要求。为了适应这种变化，课程结构需要从政治学、教育学、历史学、心理学、社会学、管理学等学科中借鉴吸收有益成果，不断丰富和发展自身的学科内涵和教学方法。

（五）科学性

思想政治教育作为一门科学，其核心在于研究人的思想品德的形成和发展规律，以及如何有效地对人们进行思想政治教育。这一科学性质在思想政治理论课课程结构中得到了充分的体现。

科学性体现在思想政治理论课课程结构设计的严谨性上。课程结构的设计并非随意的拼凑或简单的组合，而是基于深入的理论研究和丰富的实践经验，遵循着一定的内在逻辑和规律的。这种设计确保了课程内容的连贯性、系统性和完整性，使学生可以在学习过程中能够逐步深入，形成全面而深刻的理解。

科学性还体现在课程结构对以人为本精神的贯彻上。思想政治理论课不仅是一门传授知识的课程，更是一门关注人全面发展、现实需求的课程。因此，在课程结构的设计上，它充分考虑了学生的认知规律、情感发展和行为习惯等因素，力求做到因材施教、因势利导，使每个学生都能够在课程学习中得到成长和提升。

此外，科学性还体现在课程结构对思想政治教育规律的遵循上。思想政治理论课作为一门特殊的课程，其教学目的、教学内容和教学方法都有着独特的要求。在课程结构的设计上，它紧密围绕着思想政治教育的核心目标和任务，科学合理地安排各个环节和要素，确保课程能够有效地实现其教育功能和社会功能。

（六）时代性

时代性作为思想政治理论课课程结构的核心特征之一，体现在课程内容、教学方法等多个层面上，旨在确保课程与时代发展紧密相连，充分反映时代精神和社会需求。

第一，培养目标的时代性。思想政治理论课的培养目标紧扣时代脉搏，旨在培养具有社会责任感、创新精神和实践能力的新时代大学生。课程不仅注重理论知识的传授，更强调学生将所学知识转化为实际行动的能力，鼓励学生积极参与社会实践，解决社会实际问题，从而成为推动社会进步和发展的有用之才。

第二，课程内容的时代性。思想政治理论课的内容设计紧跟时代步伐，不断融入最新的理论成果、政策法规和社会热点。通过及时更新课程内容，确保学生能够接触到最前沿的思想观点，理解当前社会的核心价值和主要矛盾。例如，随着全球化、信息化的发展，课程内容中会增加关于国际形势、网络安全、信息伦理等与现代社会发展密切相关的内容，使学生能够更好地应对时代挑战。

第三，教学方法的时代性。教学方法同样体现时代性，传统的讲授式教学已逐渐转变为互动式、讨论式、案例式等多种教学方法的综合运用。借助现代信息技术，例如多媒体教学、网络教学平台等，使教学过程更加生动、形象，提高学生的学习兴趣和参与度。这种教学方法的创新不仅顺应了现代教育技术的发展，也符合当代大学生的学习习惯和需求。

第三节　高校思想政治理论课程建设的经验借鉴

一、加强基础理论研究，理论创新先行

（一）加强基础理论研究：稳固根基，厚植优势

加强高校思想政治理论课的基础理论研究，是稳固课程根基、厚植学科优势的关键所在。我们应当深刻认识到，理论是实践的先导，没有坚实的理论基础，就无法构建起科学、系统的课程体系。因此，我们必须在以往成就的基础上，戒骄戒躁，扎扎实实地推进基础理论研究工作。这要求我们树立"学科群"的理念，将思想政治理论课程置于一个更加宽广的学术视野中进行审视。我们要看到，这门课程并非孤立存在，而是与政治学、哲学、社会学、教育学等多个学科紧密相连。因此，在加强基础理论研究时，我们应当注重跨学科的研究方法，吸收和借鉴相关学科的理论成果，以丰富和完善思想政治理论课的理论体系。

（二）努力做到理论创新先行：引领改革，推动发展

在加强基础理论研究的同时，还应当努力做到理论创新先行。创新是发展的动力，也是改革的引擎。对于高校思想政治理论课来说，理论创新

不仅意味着对现有理论体系的完善和拓展，更意味着对新的教学理念、教学方法和教学模式的探索与实践。

理论创新先行要求我们在研究过程中敢于突破传统思维的束缚，勇于提出新的观点和见解。我们要密切关注时代发展的新趋势、新特点，将最新的研究成果和理论动态引入到课程教学中来，以引领和推动课程的建设和改革。同时，我们还要注重理论与实践的结合，将理论创新成果转化为实际的教学效果，以提升学生的思想政治素质和综合素养。

二、思想政治理论教育的形式和途径应多样化

（一）开设思想政治理论课程，奠定教育基础

开设专门的思想政治理论课程，是对大学生进行主流意识形态灌输的基础途径。这些课程通常包括马克思主义基本原理、中国特色社会主义理论体系、思想道德修养与法律基础等，旨在通过系统的教学，使学生掌握基本的思想政治理论知识，形成正确的世界观、人生观和价值观。在课程设置中，应注重理论与实践的结合，既传授理论知识，又引导学生关注现实问题，培养其分析问题和解决问题的能力。

（二）实施渗透式的思想政治理论教育，增强教育效果

除了开设专门的课程外，高校还应注重在日常教育教学中渗透思想政治理论教育。这种渗透式的教育可以通过各种形式实现，例如校园文化活动、学生社团活动、学术讲座等。通过这些活动，可以将思想政治理论教育的内容融入其中，使学生在参与活动的过程中潜移默化地受到教育。这种教育方式具有隐蔽性和长期性的特点，能够在不经意间对学生的思想产生深远影响。

（三）重视实践教学环节，培养社会责任感

实践教学是思想政治理论教育的重要组成部分。通过让学生参加各种社区服务、社会服务等活动，可以为学生提供与社会联系的机会，使他们

在实践中深化对理论知识的理解，并培养社会责任感、社会公德意识和公民意识。实践教学环节的设计应注重与理论课程的衔接和互补，形成理论与实践相结合的教育体系。同时，还应鼓励学生将所学理论知识应用于实践中，通过解决实际问题来检验和提升自己的思想政治素质。

三、着眼于世界，调整思想政治理论课课程体系

在全球化日益加深的今天，高等教育作为社会进步与文明传承的重要载体，其课程体系的建设与完善必须紧跟时代步伐，体现国际视野与世界性特征。高校思想政治理论课作为培养学生思想政治素质，引导其形成正确世界观、人生观和价值观的关键课程，其课程体系的调整与优化更应着眼于世界性，以更好地适应全球化背景下的教育需求。

着眼于世界性调整思想政治理论课课程体系，意味着要在课程内容上融入全球视野。这不仅是指简单增加一些关于国际政治、经济、文化的知识点，更重要的是要培养学生从全球视角出发，分析和理解各种社会现象、政治事件和文化差异的能力。例如，可以在课程中引入对全球治理、国际政治经济秩序、跨文化交流等议题的深入探讨，使学生在学习理论知识的同时，增强对全球性问题的敏感性和洞察力。课程体系的调整还应体现在教学方法的创新上。在全球化背景下，更需要强调的是能力的培养和素质的提升。因此，可以采用案例教学、小组讨论、模拟国际会议等多种教学形式，鼓励学生主动参与、合作探究，从而在实践中锻炼他们的国际交流能力、批判性思维和跨文化沟通能力。

着眼于世界性的课程体系调整还意味着要充分利用国际教育资源。高校应积极寻求与国际知名学府的合作与交流，通过联合课程、海外研修、国际学术论坛等方式，为学生提供更多接触和学习国际先进理念和实践经验的机会。同时，也可以邀请国际知名学者来校讲座或授课，为学生提供多元化的学术视角和思考维度。此外，在全球化视角下，对学生的评价不应局限于知识的掌握程度，更应重视其国际视野、跨文化能力和创新能力的培养成效。因此，可以引入更加多元化、国际化的评估标准和方法，例如国际项目合作报告、跨文化沟通案例分析等，以全面、客观地评价学生的综合素质和发展潜力。

高校思想政治课程教学的改革

第一节　思想政治教育过程管理机制改革

一、思想政治教育过程管理机制的认知

思想政治教育过程管理机制是思想政治教育活动中不可或缺的一部分，它深刻体现了管理科学在思想政治教育领域的具体应用与延伸。这一机制是指思想政治教育管理者在教育实践过程中，通过实施计划、组织、协调、控制等管理手段，科学配置和有效使用各种教育资源，以确保思想政治教育过程的有序进行和既定目标的实现。

具体而言，思想政治教育过程管理机制涵盖了多个关键方面，具体如下。

第一，思想政治教育过程管理机制强调目标指向性，即所有管理活动都紧密围绕思想政治教育的核心目标展开，确保教育活动的方向性和有效性。

第二，功能整合性是思想政治教育过程管理机制的重要特征，它要求管理者能够协调各方资源，形成合力，共同推动思想政治教育工作的顺利开展。

第三，结构科学性体现在管理机制内部各要素之间的有机联系和相互作用上，通过科学的结构设计，实现教育资源的优化配置和高效利用。

第四，实践能动性是思想政治教育过程管理机制的生命力所在。它鼓励管理者和教育者在实际工作中不断探索和创新，灵活应对各种挑战和问题，以更加贴近受教育者实际需求的方式开展教育活动。同时，环境适应性也是该机制不可忽视的方面，它要求管理机制能够随着外部环境的变化而及时调整和完善，确保思想政治教育工作的时效性和针对性。

第五，发展创新性是思想政治教育过程管理机制持续进步的动力源泉。在快速变化的社会环境中，管理机制必须不断创新和完善，以适应新

时代对思想政治教育工作提出的新要求和新挑战。通过引入先进的管理理念和技术手段，不断提升管理效能和教育质量，推动思想政治教育事业不断向前发展。

二、思想政治教育过程管理机制的作用

思想政治教育过程管理机制在思想政治教育活动中扮演着至关重要的角色，其作用体现在多个方面，既涵盖了教育活动的内部运作，也涉及与外部环境的互动。

第一，确保教育目标的顺利实现。思想政治教育过程管理机制的首要作用在于确保教育目标的顺利实现。这一机制通过制订明确的教育计划、组织有序的教育活动、协调各方资源和力量，以及对教育过程进行有效的控制和监督，确保思想政治教育活动能够按照预定的目标和方向前进。管理机制具有引导、规范和保障的作用，可使教育活动不偏离主线，不迷失方向，最终达成既定的教育目标。

第二，优化教育资源的配置和使用。思想政治教育过程管理机制还承担着优化教育资源配置和使用的重要任务。在教育活动中，资源是有限的，如何科学、合理地配置和使用这些资源，直接关系到教育效果的好坏。管理机制通过科学的分析和决策，根据教育活动的实际需要，将资源分配到最需要的地方，确保资源得到有效利用发挥最大化效益。同时，管理机制还通过不断的调整和优化，使资源的使用更加符合教育活动的规律和特点，进一步提升教育的质量和效果。

第三，提升教育活动的效率和效果。思想政治教育过程管理机制的存在，还有助于提升教育活动的效率和效果。通过科学的管理和运作，管理机制能够帮助教育活动更加有序、高效地进行，避免无谓的浪费和损耗。同时，管理机制还能够通过对教育过程的监控和评估，及时发现和纠正教育活动中存在的问题，确保教育活动的质量和效果。这种对教育活动全过程的全面把控和精细管理，是提升教育效率和效果的重要保障。

第四，增强教育活动的适应性和创新性。思想政治教育过程管理机制还具有一定的适应性和创新性。随着社会的不断发展和变化，思想政治教育活动所面临的环境和条件也在不断地发生变化。管理机制需要不断地适应这种变化，及时地调整和完善自身的运作方式和手段，以确保教育活动

的有效性和针对性。同时，管理机制还需要具备一定的创新性，能够不断地引入新的管理理念和方法，探索新的教育模式和手段，以推动思想政治教育活动的不断创新和发展。

第五，促进教育者与受教育者的有效互动。思想政治教育过程管理机制还有助于促进教育者与受教育者之间的有效互动。在教育活动中，教育者和受教育者是两大主体，他们之间的互动和交流直接关系到教育效果的好坏。管理机制通过提供有效的沟通平台和渠道，使教育者和受教育者能够更加顺畅地进行交流和互动，增进彼此的了解和信任。同时，管理机制还能够通过对互动过程的引导和规范，使这种互动更加有序、有效，从而进一步提升教育的质量和效果。

第六，提升思想政治教育的整体质量和水平。从更宏观的角度来看，思想政治教育过程管理机制还有助于提升思想政治教育的整体质量和水平。这一机制通过对教育活动的全面把控和精细管理，使教育活动更加科学、规范、有序地进行。同时，管理机制还能够通过对教育效果的评估和反馈，及时发现和纠正教育中存在的问题，推动思想政治教育的不断改进和完善。这种对思想政治教育全过程的全面优化和提升，是提升思想政治教育整体质量和水平的重要保障。

三、思想政治教育过程管理机制的创新优化

思想政治教育过程管理机制的创新优化是提升教育实效、适应社会发展和个体需求变化的重要途径。

（一）理念创新：以人为本，强化主体性

思想政治教育过程管理机制的创新优化应深深植根于"以人为本"的核心理念之中。这一理念强调充分尊重并凸显受教育者的主体地位及其独特的个性差异。在教育实践的具体过程中，我们不仅要致力于系统知识的传授，更要深入关注并积极回应受教育者的情感体验、价值认同以及自主发展的需求，力求在传授知识的同时，激发他们的内在动力，挖掘并培养他们的创造潜能。实现这一根本性的转变，要求教育者必须摒弃传统的"灌输式"教学模式，这种模式往往忽视了学生的主体性和能动性。相反，

教育者应积极采用"引导式"和"对话式"教学方法。这些方法鼓励受教育者积极参与教育过程，主动进行思考和探索，在教育者与受教育者之间，以及受教育者之间，形成一种积极互动、共同进步的良好氛围。

此外，理念创新还意味着我们要在教育过程中注重受教育者的全面发展，包括认知、情感、态度和价值观等多个方面。我们不仅要关注他们的学术成就，还要关心他们的心理健康、社会适应能力和道德品质。通过这样的理念创新，我们可以为受教育者创造一个更加人性化、全面化的教育环境，帮助他们在知识、能力和素质等多个方面实现均衡发展。

（二）内容方法创新：贴近实际，融合新技术

内容的时代性与方法的多样性是思想政治教育创新优化的核心关键。在教育内容的创新上，我们应紧密结合时代发展的脉搏和社会热点的变迁，及时将党的最新理论成果、社会主义核心价值观等关键要素融入其中，确保教育内容始终与时代发展同频共振，增强教育的时代性和针对性。同时，我们还应注重跨学科的知识整合，将心理学、社会学、信息技术等多领域的前沿知识有机融合到思想政治教育中，从而丰富其内涵，提升教育的深度和广度。

在教育方法的创新上，我们应积极探索并灵活运用现代信息技术手段，例如大数据分析、人工智能、虚拟现实等前沿科技，构建线上线下相结合的教育平台。通过这些技术手段，我们可以实现教育资源的优化配置，为受教育者提供个性化、定制化的学习路径，大大提高教育的吸引力和感染力。此外，我们还应通过积极开展丰富多彩的社会实践、志愿服务、文化交流等活动，将理论学习与实践体验紧密结合，让受教育者在实践中感悟理论、在体验中升华情感，进一步增强思想政治教育的实效性和亲和力。这样的创新优化，不仅能使思想政治教育更加贴近实际、贴近生活、贴近受教育者，还能不断提升其时代性、科学性和实效性，为培养德、智、体、美、劳全面发展的社会主义建设者和接班人提供有力支撑。

（三）评价体系创新：多元化、过程化、发展性

创新优化思想政治教育过程管理机制，必须深刻关注并致力于评价体

系的改革与完善。传统的单一考试成绩评价方式，已难以全面、准确地反映受教育者的思想政治素质和成长变化，其局限性日益凸显。因此，我们应积极倡导并建立一种多元化、过程化、具有发展性的评价体系，以更全面地评价受教育者的综合素质和发展潜力。这一评价体系的核心在于，它既关注教育的结果，又高度重视教育的过程；既评价受教育者的知识技能掌握情况，又深入评价其情感态度和价值观的培育情况；既充分考虑个体差异，尊重每个人的独特性和多样性，又积极鼓励团队合作，培养受教育者的团队协作精神和集体荣誉感。

具体而言，可以采用自我评价、同伴评价、教师评价相结合的多元化评价方式，引入项目式学习、案例分析、口头报告等多种评价形式，以全面、深入地考察受教育者的认知能力、实践能力、创新能力及社会责任感等多个方面。这样的评价方式不仅有助于我们更准确地了解受教育者的学习状况和发展需求，还能激发他们的学习积极性和创造力。

同时，还应建立一种动态反馈机制，及时反馈评价结果，帮助受教育者明确自己的优点和不足，明确改进方向和目标。通过这种机制，我们可以促进受教育者的持续发展和全面成长，为他们的未来奠定坚实的基础。总之，构建多元化、过程化、具有发展性的全面评价体系是推动思想政治教育优化的重要途径和有力保障。

总之，思想政治教育过程管理机制的创新优化是一个系统工程，需要从理念、内容方法、评价体系等方面综合施策。通过以人为本的理念引领，紧贴时代的内容与方法创新，以及多元化、过程化、具有发展性的评价体系构建，可以有效提升思想政治教育的针对性和实效性，为培养德、智、体、美、劳全面发展的社会主义建设者和接班人提供坚实保障。

第二节　思想政治课程教学内容的改革

一、文化自信教育

（一）文化自信的特征

文化自信指的是一个国家或一个民族对自己的文化传统、价值观念和创造力的自豪感和自信心。它代表了一个国家或民族对自身文化的认同和肯定，并且相信自己的文化对世界具有独特的影响力和价值。

1.时代性

时代性是文化自信的重要特征之一。随着社会的发展和变迁，不同时代的文化表现方式和价值观念都会有所差异，因此文化自信必须具备时代性，以适应当代社会的需求和挑战。

（1）时代性要求文化自信与时俱进

随着科技的飞速发展和全球化的深入，社会在各个方面都发生了巨大变化。文化自信必须能够积极拥抱这些变化，并在其中找到自己的定位。它应该在传承和发展传统文化的基础上，结合现代的思维方式和表达形式，使传统文化焕发出新的活力。

（2）时代性要求文化自信具备开放性和包容性

如今的社会已经变得多元化和多样化，不同文化之间相互渗透、相互影响。文化自信不能孤立于自己狭隘的圈子，应该敞开心扉，积极吸纳其他文化的优秀成果，促进文化的多元融合。只有这样，文化自信才能真正代表当代社会的精神风貌。

（3）时代性要求文化自信关注当下和未来

一个有时代性的文化自信应该能够深刻理解当代人的需求、期望和价值追求，并能够为其提供思想启迪、情感抚慰和精神寄托。同时，它也应该有着对未来的展望，能够引领社会走向更加美好的未来，并为后代留下有意义的文化遗产。

一个具有时代性的文化自信应该能够与时俱进，足够开放和包容，关注当下和未来。只有在不断与时代接轨的基础上，文化自信才能在当代社会中焕发出生机和活力，为社会进步和发展做出积极贡献。

2.科学性

科学性是文化自信的重要特征之一。在当代社会中，科学已成为推动人类社会进步和发展的关键力量。

科学性要求人们对知识的获取和传播持有科学的态度。文化自信意味着对自己文化传统和价值观的自信，但同时也要求人们对其他文化的知识和成就保持开放和包容的态度。科学性要求人们通过科学方法和理性思维去获取和评估知识，不盲从、不偏见，而是基于证据和逻辑进行推理和判断。

科学性要求人们对科学成果持有合理的评价和认识。科学是一种不断发展和演进的知识体系，任何科学理论都应该经受实验和观察的检验，并随着新的证据和发现进行修正和完善。文化自信的科学性表现在人们对科学方法的理解和尊重，能够认识到科学理论的相对性和暂时性，并在科学的推动下不断追求真理和进步。

此外，科学性还要求人们关注科学教育和科学普及。文化自信需要人们对自己文化的科学成就有清醒的认识，并将科学知识传承给后代，推动科学教育的普及。科学普及可以增强人们的科学素养，培养批判性思维和科学精神，使人们能够更好地理解和应用科学知识，为社会发展做出贡献。

3. 民族性

文化自信是指一个民族或国家对自己的文化价值和特色充满自信与自豪的一种态度。其中，民族性是文化自信的重要特征之一。民族性指的是一个民族在长期的历史发展中形成的共同特征和独特文化。每个民族都有自己的语言、价值观念、习俗和传统艺术等独特的文化元素。这些元素反映了民族的独特性和个性特征。民族性不仅是文化的外在表现，更是一种精神上的认同和归属感。

（1）民族性是民族文化的主要标志

一个民族的文化特征是其民族性的重要体现，体现了该民族在文化领域的独特性和独立性。民族性的存在让一个民族的文化与众不同，具有辨识度和吸引力，进而增强了民族自信心。

（2）民族性对于文化传承和创新起着重要作用

民族性的存在促使民族文化在传承中保持自身的特色，不断丰富、发展。同时，民族性也为民族文化的创新提供了内在动力和创作灵感，推动着文化的蓬勃发展。

（3）民族性对文化多样性和文化交流具有重要意义

每个民族都有自己的独特文化特色，这些特色丰富了人类的文化宝库。通过文化交流和相互借鉴，不同民族之间可以在共享民族性的基础上实现文化的互补和发展，促进文化的多样性。

（4）民族性在树立国家形象和增强国际交往中具有重要作用

一个国家的文化自信和民族性的展示，不仅能够增强国内的凝聚力和自豪感，同时也有助于塑造国家的形象，提升国际竞争力，并推动国际文化交流与合作。

4. 开放性

开放性是文化自信的一个重要特征。文化自信指的是一个国家或社会对自身文化的自信和自豪感，表现为对自身文化的价值、传统和创造力的认同和肯定。开放性是指对外部文化和观念持开放态度的特征。

（1）开放性体现了对多元文化的包容和尊重

一个具有文化自信的社会意味着它对其他文化的存在和影响持开放的态度。它能够欣赏和尊重不同的文化表达形式，包括语言、宗教、习俗、艺术等。开放性使得一个社会能够从其他文化中吸取有益的元素，并在自身文化中进行融合和创新，推动文化的进步和发展。

（2）开放性促进了文化交流与对话

一个开放的社会鼓励人们与其他文化进行交流和对话，通过交流，人们可以更深入地了解其他文化的内涵和价值观。开放性使得文化交流成为一种双向的、相互尊重的过程，而不是单向的文化输出。通过与其他文化的对话，一个社会能够更好地认识和理解自身文化的特点和优势，同时也能够拓宽自身的视野，促进文化的多元发展。

（3）开放性体现了对创新和变革的包容态度

一个具有文化自信的社会能够对新的思想、观念和创意持开放的态度，愿意尝试和接纳新的文化形式和表达方式。开放性使得社会能够更好地适应快速变化的时代需求，推动文化的创新和发展。

开放性体现了对多元文化的包容和尊重，对创新和变革的包容态度，促进了文化交流与对话。一个具有开放性的社会能够更好地与其他文化进行互动，实现文化的繁荣和发展。

（二）文化自信的层面

1. 思想层面

在思想层面上，大学生的文化自信主要体现在以下几个方面：

（1）对社会主义先进文化的价值肯定、认同和自豪

大学生作为新时代的青年群体，他们能够深刻理解并认同社会主义先进文化，例如爱国主义、集体主义、社会公德等。他们自豪于中华文化的深厚底蕴和独特魅力，对社会主义先进文化充满信心和期待。

（2）对外来文化的理性认知

在全球化日益深入的今天，大学生能够以开放、包容的心态对待外来文化，既欣赏其独特之处，又保持理性的批判思维。他们不盲目崇拜外来文化，也不一味排斥，而是在比较、鉴别中汲取外来文化的有益成分，丰富自己的文化内涵。

（3）对自身文化发展前景有高度自信

大学生深知文化自信对于国家和民族的重要性，他们对自己所承载的文化传统和未来发展前景充满信心和期待。他们相信，在全球化的大潮中，中华文化一定能够保持其独特性和生命力，为世界文化的多样性和发展做出贡献。

2. 行为层面

在行为层面上，大学生的文化自信则主要体现在以下几个方面：

（1）大学生能够辩证取舍西方文化

大学生不是简单地模仿或照搬西方文化，而是根据自己的文化背景和实际需求，对西方文化进行有选择的吸收和借鉴。他们懂得如何区分西方文化的精华与糟粕，如何将其与中华文化相融合，创造出具有中国特色的新文化形态。

（2）大学生能够转化再造民族传统文化

大学生深知传统文化的价值和意义，同时也意识到传统文化需要与时俱进、不断创新。因此，他们努力将传统文化的精髓与现代社会的需求相结合，通过创新性的转化和再造，使传统文化焕发出新的生机和活力。

（3）大学生能够宣传弘扬中国特色社会主义文化

大学生不仅自己深信不疑，还会积极向身边的人传播中国特色社会主义文化的理念和价值观。他们通过各种渠道和方式，例如社交媒体、文化活动、志愿服务等，向社会传递正能量，展示中华文化的魅力和风采。

（三）文化自信培育策略

第一，提供多元化的文化教育。大学可以通过增加人文课程、社会实践活动、文化艺术节等方式，为学生提供多元化的文化体验和教育，拓宽学生的文化视野。

第二，加强学科交叉融合。大学鼓励学生在学习过程中尝试跨学科的学习和研究，促进不同领域之间的交流和合作，可以帮助学生更好地理解和欣赏不同文化的知识和价值。

第三，鼓励学生参与文化交流。大学可以组织学生参加文化交流活动，例如交流访问、文化节、国际学生交流等，让学生有机会与来自不同背景的人交流，了解其他文化的独特之处。

第四，培育文化创新意识。大学应鼓励学生在文化创新领域开展实践和研究，鼓励他们参与文化创作、策划活动等，培养其创新思维和实践能力。

第五，增强自我认同感。大学应提供鼓励和支持，帮助学生树立积极的自我认同感。学校可以开设相关的心理健康课程，帮助学生建立自信心，增强对自身文化的认同感和自豪感。

第六，创造宽容包容的学术环境。大学应提倡宽容和包容的学术环境，鼓励学生表达自己的观点，尊重不同文化和观念的存在，避免歧视和偏见的出现。

第七，推广优秀文化作品。大学可以组织展览、演出、讲座等宣传优秀的文化作品，让学生有机会欣赏和学习那些代表自身文化优秀的作品，激发文化自信心。

这些策略可以帮助大学生培养文化自信，以更加开放、包容和自信的态度面对多元化的文化环境。

二、家国情怀教育

家国情怀是人们对家国共同体的认同、依恋、守护所衍生出来的稳定性心理体验和思想信念，涉及个体对自己、家庭、国家以及对世界的关系认识和情感认同。家国情怀在中华民族历史发展中随着不同历史条件变化和背景更替，呈现出不同的表现方式，但人们对家国的热爱在本质上是一贯的。

家国情怀是人们对"家"和"国"的理解以及呈现出来的心理状态和行为表现。家国情怀就是人们在家国一体思想的传承发展下以新时代的精神面貌对世代所生活的家国共同体所持有的一种肯定性的心理态度，内在包含了人们对家、国、世界的认知、情感、信念和实际行动。

（一）家国情怀培育的特性

1. 承上启下性

从国家和历史的角度来看大学生家国情怀培育，它具有鲜明的历史使命性。也就是说，大学生是否具备家国情怀将对国家的兴亡发展产生直接影响，这便是"青年兴则国兴"所揭示的历史规律。作为建设中国特色社会主义事业的主力军和领头人，大学生对实现中华民族的伟大复兴具有直接的影响。不同于其他社会群体，大学生群体具有鲜明的个性特征。大学教育是发展人们适应社会生活与工作必备能力和素养的重要途径，尽管一般来讲接受过大学教育的人都是成年人，但他们往往暂时不用开展实际工作，社会对其也没有物质生产的要求，所以他们可以毫无顾忌地学习文化知识。可以说，大学时期的学生不仅拥有最活跃的思想境界，还拥有正确的价值观念。因此，培育大学生的家国情怀关乎大学生个人的成长与发展，是学校与家庭的共同责任，与全社会的发展直接相关。这也就意味着，在经济工作和其他工作的开展过程中，必须牢牢把握思政工作的核心地位，使立德树人的根本任务得到贯彻落实，并以国家发展的思路来全面推进大学生的家国情怀教育。

大学生在社会发展新时期需要积极承担实现中华民族伟大复兴的历史职责，这同样是社会发展新时代对大学生家国情怀教育的重要要求。用历史的眼光来看待新时代的发展，我国主要经历了从"站起来"到"富起来"，再到"强起来"的蜕变与飞跃。正处于青春年华阶段的大学生，即使是到了 21 世纪中叶第二个百年奋斗目标，即社会主义现代化强国目标实现之时，也不过知天命之年，在中华民族伟大复兴目标实现的过程中，他们作为中华民族伟大复兴的先锋者、参与者和见证者，仍然发挥着中流砥柱的作用。而这一目标的实现，同样需要以新时代大学生家国情怀的培育为前提。

2.家校联动性

从家庭角度来看，大学生家国情怀培育具有家校联动性。大学阶段是大学生家国情怀实现从家庭小爱到集体大爱的衔接发展。进入大学阶段的大学生开始逐步离开家庭进行独立自主生活，家国情怀从原来的家庭小爱开始发展为社会大爱。家庭是陪伴人们成长的原生性场所，具有重要的物质生活支撑作用和情感慰藉作用。家长对家庭成员的关心和保护所形成的家庭风气成为大学生儿时耳濡目染的第一环境，对大学生家国情怀培育具有基础性作用。

进入大学阶段之后，家庭家教家风会继续伴随大学生成长。不仅如此，大学阶段大学生随着交往范围的扩大和独立自主能力的加强，家国情怀中的家庭小爱会不断发展扩大为对学校之爱、对社会之爱、对国家之爱。大学生原来遇到困难第一时间想到的人是家长，进入大学之后遇到困难第一时间能对其进行帮助的是老师和同学，这种互助互爱的精神充实和扩大了原来的小家之爱。尤其是高校的一系列勤、资、助、贷、奖等学生服务工作，保障家庭经济困难学生能够安心完成学业，这充分体现了学校、国家和社会对大学生的关心和帮助，让大学生感受到了集体大爱精神，进一步充实了家国情怀的实际体验。教育工作者要紧紧抓住大学生家国情怀从感性上升到理性的关键环节，深入了解大学生的家庭成长环境，关心大学生的生活学习工作状况，让大学生在外求学也能感受到家的温暖，从而有针对性地引导大学生夯实家国情怀。

（二）家国情怀培育的体系

1.以社会主义核心价值观为引领

社会主义核心价值观是中国精神与当前社会发展有机融合的智慧结晶，是全体人民应当遵循的共同价值追求。基于社会主义核心价值观的思想指导，通过思想教育、实践教育和制度保障等途径来培育时代新人的责任意识和民族担当，使社会主义核心价值观引领国民教育、精神文明建设、思想文化产品的创作，并通过结合社会现实与社会主义核心价值观，来增强人们对社会主义核心价值观的情感认同。本质上来讲，在社会主义核心价值观的指导下来培育学生的家国情怀，其目标就在于使大学生能够认同家国情怀。为此，就需要将社会主义核心价值观教育与家国情怀培育的全过程有机融合，并充分发挥社会主义核心价值观教育对家国情怀培育的重要导航功能。

社会主义核心价值观既对家国情怀的培育发挥着重要的方向引领作用，又是培育家国情怀的重要内容。而要想使社会主义核心价值观的引领示范作用得到落实，就要牢牢把握社会主义核心价值观的思想领导地位，确保全体人民能够在其领导之下，真正建立起家国情怀的思想认识，并在日常行为中加以落实。

2. 以优秀家风为基础

家风是家庭或家族世代相传的良好风尚和道德准则，是家庭成员成长和家庭生活各个维度一以贯之的重要精神指导。从概念层面来讲，不难发现，家风具有鲜明的代代相传属性和思想启蒙功能，是对为人处世哲学的重要揭示，更完美地呈现了家庭成员在观念和行为方面的行为规范和价值标准。良好的家风能够启迪人的思想、净化人的灵魂，同时也为人们未来更好地适应社会生活提供了必要的道德行为规范指导。家庭不同，就会有不同特性的家风，而中华优秀传统文化中也有很多针对家庭和家风内涵的内容，可以说根植于中华优秀传统文化的中华好家风激励着一代又一代的中华儿女。良好的家风是家道中兴、家庭美满的重要保证；相反，倘若家风不正，就会导致家道衰落，对社会产生极大危害。儒家的修身齐家治国平天下的价值观是中华优秀传统文化中优良家风的重要来源，以诚意正身为起点，逐步延伸到齐家，应当成为一个人施展抱负的重要原则。总之，作为个人品德与伟大抱负有机联结的重要环节，家风始终处于承上启下的重要地位。

家庭是人们生活的主要场所，家庭教育不仅关乎人们正确价值观念和意识形态的养成，更为人们开启了认识客观世界、改造客观世界、塑造独立人格的重要窗口。根据人类的成长发展规律，幼儿和青少年正处于思想快速发展的关键期，对新鲜事物具有强烈的好奇心、探索欲，更对家庭具有极高的依赖性。因此，在这一阶段来塑造青少年的价值观，就需要借助良好家风对人潜移默化的影响和良好品格的熏陶的作用。家是家国天下价值观的起点，要想培育人们的家国天下价值观，就要重点对学生进行爱家爱国的思想教育，同时将以家庭家教家风涵养作为第一基本要求来培育大学生的家国情怀。此外，优秀家风还要与社会主义核心价值观和中华优秀传统文化相互联结。对于当代大学生而言，优秀家风是一种原生性思想，培育当代大学生的优秀家风将极大地促进大学生家国情怀的养成。

3. 以国际视野为背景

在全球化形势下，为了更好地适应日益激烈的全球竞争，大学生通过不断学习积累和建立起来的国际交流能力以及建立在国际格局基础之上的对自文化和他文化进行思考的综合思维能力，便是国际视野。因此，在两个"大局"历史背景下的家国情怀培育，就应当凸显内、外两种不同的发展驱动力。

自古以来，中国共产党一直强调爱国主义教育的国际视角。在新的时代背景下，新爱国主义教育面临着两个"大局"的时代要求和历史任务，既要符合中国国情，又要适应世界发展潮流。在培育青年人的爱国主义精神时，需要立足国际视野，提倡人类命运共同体的构建，以对狭隘的民族主义加以克服，实现新时代大学生的培养目标。

作为新时代大学生综合素养的重要构成和坚实基础，拥有国际视野是对民族国家和世界关系进行正确处理的必然要求。为此，大学生在对经济、政治、文化、生态、安全等全球性复杂问题进行把握的过程中，要树立和秉持世界眼光，特别是要对这些问题给本国带来的诸多影响树立正确认识，并借助理解和实践的力量来不断丰富自身对国际知识的了解和提升理解、处理国际事务的能力。

三、网络道德教育

（一）网络道德教育的内容

网络道德教育是现代教育体系中的一个重要组成部分，其内涵丰富，涵盖了多方面的内容。网络道德教育不仅是道德教育在网络空间的延伸，而且是新时代背景下思想政治教育的新实践。

随着互联网的普及，网络已经成为人们日常生活中不可或缺的一部分，网络道德教育的任务就是帮助学生正确使用网络，自觉遵守网络道德规范，营造健康、文明、有序的网络环境。

网络道德教育的内容主要包括以下方面。

第一，网络伦理教育。网络伦理教育包括网络言论自由与责任、网络隐私保护、网络交往礼仪等。通过网络伦理教育，引导学生在网络空间中遵守基本的道德准则，做到尊重他人、礼貌交流、诚实守信。

第二，网络安全教育。网络安全教育旨在增强学生的网络安全意识和防范能力，主要包括个人信息保护、网络病毒防护等内容。通过网络安全教育，使学生掌握基本的网络安全技能，能够有效应对网络风险，保护自身利益。

（二）思想政治教育与网络道德教育的联系

随着信息技术的快速发展，互联网已经渗透到学生的日常生活中，成为他们获取信息、交流思想、娱乐休闲的重要渠道。在这种新形势下，思想政治教育与网络道德教育的内在联系日益凸显。

1. 思想政治教育是网络道德教育的基础

思想政治教育作为培养学生思想品德的重要手段，是网络道德教育的基础和前提。

思想政治教育通过系统的理论教育和实践活动，帮助学生树立正确的世界观、人生观和价值观。这些正确的思想观念为学生在网络世界中的行为规范提供了指导，成为他们辨别网络信息真伪、抵制网络不良诱惑的重要依据。

思想政治教育强调的爱国主义、集体主义、社会主义核心价值观等内容，能够在网络道德教育中发挥积极作用，引导学生在网络空间中践行社会主义核心价值观，传播正能量，树立良好的网络形象。

思想政治教育为网络道德教育提供了必要的理论支持。网络道德教育涉及的内容广泛，包括网络言论自由与责任、网络隐私保护、网络欺凌与防范等，这些都需要在思想政治教育的框架内加以规范和引导。通过思想政治教育，学生能够更好地理解网络道德的内涵，认识到网络行为的社会影响，自觉地在网络上遵守道德规范，维护网络秩序。

2. 网络道德教育是思想政治教育的新探索

网络道德教育作为思想政治教育的新领域，是对传统思想政治教育的一种拓展和延伸。随着网络技术的迅猛发展，学生的学习和生活方式发生了巨大变化，网络已经成为他们获取信息和交流思想的重要平台。在这种新形势下，思想政治教育必须积极探索和实践网络道德教育，以适应时代发展的需要。

网络道德教育需要在思想政治教育的基础上，结合网络时代的特点，制定科学合理的教育内容和方法。例如，针对网络信息复杂多变的特点，网络道德教育需要加强对网络信息辨别能力的培养，引导学生理性看待网络信息，不盲从、不轻信，提高他们的网络安全意识和防范能力。

网络道德教育需要在思想政治教育的基础上，利用网络技术和平台，开展丰富多样的教育活动。例如，通过网络课程、线上讨论、网络宣传等方式，增强教育的互动性和参与性，提高学生的学习兴趣和效果。

通过探索和实践网络道德教育，思想政治教育不仅能够更好地适应新时代的要求，提升教育的实效性和针对性，还能够为学生全面发展提供有力保障，促进他们在网络世界中健康成长。

3. 网络道德教育丰富了思想政治教育内容

第一，网络道德教育丰富了思想政治教育的理论内容。网络道德教育涉及网络伦理、网络法治、网络安全等多个方面，需要在思想政治教育的基础上，进行深入研究和探讨，形成系统的理论体系。这不仅有助于提升思想政治教育的理论水平，还可以为学生提供更加全面和系统的道德教育。

第二，网络道德教育丰富了思想政治教育的实践内容。网络道德教育需要通过具体的实践活动来实现，例如网络文明宣传、网络安全教育、网络道德论坛等。这些实践活动不仅丰富了思想政治教育的形式和内容，也增强了学生的参与感和体验感，有助于增强教育的实际效果。

第三，网络道德教育丰富了思想政治教育的价值内涵。网络道德教育强调网络行为的道德规范，注重培养学生的网络道德素养和责任意识。这不仅有助于提升学生的道德水平，而且有助于促进网络空间的和谐与稳定，为构建清朗的网络空间贡献力量。同时，网络道德教育也有助于培养学生的公民意识和社会责任感，促进他们成为有理想、有道德、有文化、有纪律的新时代青年。

（三）思想政治视域下网络道德教育的完善对策

1.提升网络道德教育的主体意识与自律水平

提升网络道德教育的主体意识和自律水平，是加强网络道德教育的重要策略。这一对策的核心在于，通过增强学生的主观能动性和自我约束能力，使其在网络空间中自觉遵循道德规范，形成良好的网络道德风尚。

在信息化社会中，网络信息的纷繁复杂使得网络道德认知和辨识能力显得尤为重要。为了提升学生的这一能力，我们需要加强网络道德教育课程的设置，通过课堂教学、案例分析等多种方式，使学生对网络道德有更为深刻的理解。同时，还应鼓励学生积极参与网络道德讨论，通过思考和辩论，提高他们的道德辨识力。此外，学校可以定期举办网络安全知识竞赛等活动，以寓教于乐的方式，加深学生对网络道德规范的认知。

具体来说，学生需要学会如何识别网络上的虚假信息和有害内容，了解网络欺诈、网络暴力的危害，并掌握应对这些网络问题的策略。通过提升网络道德认知和辨识能力，学生将更加明智、安全地使用社交媒体和互联网资源。

2.建立高校网络道德教育常态化体系

为了全面提升学生的网络道德素质，高校应当构建一个常态化、系统化的网络道德教育体系。这一体系应涵盖文化教育、活动实践以及管理监督等多个层面，确保网络道德教育能够深入人心，真正转化为学生的自觉行为。

（1）文化载体

高校应加强对网络道德教育平台的建设。网络道德教育平台是学校进行网络道德教育的重要阵地。通过建设专门的网络道德教育网站或APP，学校可以定期发布网络道德相关的知识、案例和分析，引导学生正确理解网络道德的内涵与重要性。同时，平台还可以设置互动环节，鼓励学生参与讨论，提出自己的观点和看法，增强他们的主体意识和参与感。此外，学校还可以利用校园文化墙、宣传栏等传统媒介，以及微信公众号、抖音等新媒体平台，多渠道、多角度地宣传网络道德知识，营造浓厚的网络道德教育氛围。通过这些文化载体的建设，学校能够有效地将网络道德教育融入学生的日常生活，使他们在潜移默化中提升网络道德素质。

（2）活动载体

实践活动是提升网络道德教育行为能力的重要途径。学校可以定期组织网络道德主题班会、辩论赛、征文比赛等活动，让学生在参与中体验、感悟网络道德的重要性。同时，学校还可以鼓励学生参与网络安全知识竞赛、模拟网络道德冲突解决等活动，通过实战演练提高他们的网络道德判断和应对能力。此外，学校还可以利用寒暑假等时间，组织学生开展网络道德社会实践活动，例如走访网络安全机构、参与网络文明志愿服务等。这些活动不仅能够让学生亲身体验网络道德的现实意义，还能够增强他们的社会责任感和使命感。

（3）管理载体

高校应打造网络道德教育工作队伍。要确保网络道德教育的有效实施，必须建立一支高素质、专业化的网络道德教育工作队伍。学校应当选拔具有思想政治教育背景和网络技术知识的教师，组建专门的网络道德教育团队。这个团队不仅要负责网络道德教育课程的开发和实施，还要对学生进行日常的网络道德教育和辅导。同时，学校还应当建立完善的网络道德教育管理机制，明确工作职责和考核标准，确保各项教育措施能够落到实处。此外，学校还可以通过定期的培训和学习，不断提升网络道德教育队伍的专业素养和工作能力，使他们能够更好地适应网络道德教育的新形势和新要求。

四、社会主义核心价值观教育

（一）践行社会主义核心价值观的意义

社会主义核心价值观教育属于实用性科学，而非纯理论性的研究，可以用来解决思想问题。大学生之所以要践行社会主义核心价值观，不仅要体现出社会主义核心价值观的价值，还要使其与教育相结合形成一股合力，产生"1 + 1 > 2"的效果。

1. 落实社会主义核心价值观的教育内容

我国从多年的改革开放中总结出了社会主义核心价值观，这是全国人民都认同的理想观念，是与时代发展同步的，充满了中国特色的社会主义核心价值观便于记忆，有着很强的凝聚性，自成体系。三个倡导分别从三个层面进行，即国家、社会和个人，对社会主义的价值目标、准则以及导向进行了明确。

（1）国家层面的价值目标

国家层面的价值目标居于社会主义核心价值观的主导地位，为我国社会主义建设指明了方向，反映了当前我国全体人民的价值取向和理想。"富强、民主、文明、和谐"是从整体上对我国的政治、经济、文化以及社会提出了要求。国富则民强，民强则国盛，国家和人民之间有着密切的联系。这就意味着我们要加快经济与生产力的发展速度，让我国的综合国力变得更强，最终实现共同富裕；我国是人民民主专政的社会主义国家，人民才是国家的主人，应加强社会主义民主政治建设，让人民更好地行使自己的民主权利；"文明"就是要让公民具备更高的文化水平，提高自身的文明素质，让物质文明和精神文明实现统一，让我国成为社会主义文化强国；"和谐"就是让人与社会、自然以及人之间和谐相处，让人实现全面发展。从本质上看，政治、经济、文化以及社会其实是一个整体。

（2）社会主义制度层面的价值导向

公民权利是受到法律保护的，每个公民都享有人身自由，国家会保证人民实现自由且全面的发展。要想建造一个自由的国家，就要提高人民的积极性，发挥他们的创造力。"平等"指的是人们在法律、机会和权利等方面都是平等的。平等是"公正"与"法治"的基础，只有实现了平等，才能保证公平正义，推进全面依法治国，才能让每个公民都具备良好的法律意识，共铸时代精神。

（3）公民个人层面的价值观要求

和谐的社会、完善的制度以及富强的国家都需要高素质的人民。每个国家都需要民族凝聚力，需要自己的人民具备爱国主义精神。每个人在对待自己的事业时都要有奉献精神，爱岗敬业，踏踏实实做事，认认真真做人，诚实守信，不欺不骗，以诚待人，友善共处，这样才能让我们的民族永远延续下去，活力永驻。

社会主义核心价值观从三个"倡导"出发，将价值要求通过国家、社会和个人这三个不同的层面展现出来。其中，社会和个人要以"富强、民主、文明、和谐"为终极目标，国家和个人要通过"自由、平等、公正、法治"得到进步与发展，国家和社会要以"爱国、敬业、诚信、友善"为发展前提，但这一切的落脚点还是人，人如果不寻求发展，那么一切发展都是免谈的。上述这三者之间有着十分紧密的联系，它们会相互作用和影响，所以要用辩证的眼光看待。在对大学生实施社会主义核心价值观教育时要将这三个"倡导"看作一个整体，对其进行全面的把握，不能失之偏颇。

2. 实现社会主义核心价值观的价值目标

（1）"法治"核心价值观

我国在党的领导下实行的是人民当家作主和依法治国。既不以人治国，也不以德治国，而是以法治国，通过法律对政治、经济、文化、社会进行管理，不随意改变国家的法律和制度，通过依法治国开启我国的法治新时代。在法治社会，除了要建立健全法律制度，还需要增强人们的法治意识，每个人都应该了解和尊重法律，学会用法律保护自己，不做任何违法乱纪的事。

大学生是我们的未来、我们的希望，他们是否遵纪守法也会对我国的法治建设产生一定的影响。所以，既要让大学生了解和尊重法律，又要通过高校让大学生学法守法。要将法治观念渗透到每一件小事中，从遵守纪律到遵守制度再到遵守法律，严格要求自己，让大学生有良好的法治观，进而让社会加快实现"自由与平等"，保证社会的稳定发展。

（2）"民主"核心价值观

人民当家作主指的就是民主。人类从来没有放弃对民主的追求。民主属于意识形态，它取决于经济基础。从经济制度上看，社会主义并不同于资本主义，因此二者有着不同的民主内容、民主本质和形式。可以说，世界上没有一模一样的民主模式，即使是在同一个国家，民主也会发生变化，人民经济和人民素质都在不断地变化。

我国的生产力水平一直在进步与发展，人民有了更强的民主意识，民主的制度和形式也在不断地健全。每名大学生都基本认可我国的社会主义民主制度，所以要不断提高他们的社会主义民主价值观，因为大学生是我国民主建设不可缺少的力量，这同时也是社会发展对大学生提出的要求。

（3）"诚信"核心价值观

中华民族素来就有诚实守信的美德。儒家提出的"仁义礼智信"就是在告诉人们怎样做人和做事，要求人们做人一定要诚信，要有君子之德。诚信是我国一直以来的美德，即便到了全球化的今天，诚信也是每个人都要做到的。我国的市场经济和社会主义要求每个人都要讲究诚信，尤其是大学生，他们肩负着建设社会主义的主要责任，所以也要遵循市场经济提出的要求。市场经济的重点在于平等、信誉和竞争，看重的是质量。因此，人要想在市场经济中求得生存和发展，就必须保证做到诚实守信，讲求信誉。

（4）"友善"核心价值观

要想与人友善，就要做到互帮互爱以及团结协作。当代大学生必须有团结协作的精神。社会的高速发展让每个行业的竞争都越来越激烈，人们只有团结协作，才能实现个人、社会以及国家的发展。因此，团队建设的重要性不言而喻。在组织大学生进行社会主义核心价值观教育时，教育者要做好安排，通过实践巩固理论，开展的各种实践活动要紧紧围绕社会主义核心价值观，发挥出团结协作的作用，让大学生意识到团结协作的重要性，进而增强他们的团结协作意识；大学生要学会思考和解决问题，为社会贡献出自己的一份力量；增强大学生的社会责任意识，让他们感受到集体的作用与力量，并从中获得成就感和归属感，充分体会到社会主义核心价值观所展现的意义，进而领略到社会主义核心价值观的魅力所在；用社会主义核心价值观作为沟通的桥梁，团结所有大学生为实现中华民族伟大复兴的中国梦而共同努力。

（二）社会主义核心价值观培育的方法

1. 合力育人法

合力育人法是指通过整合校内外各种教育资源，形成教育合力，共同培育大学生的社会主义核心价值观。具体而言，高校应加强与家庭、社会的联系，建立三方联动机制，共同关注大学生的价值观培育。高校可以通过开展家校合作、社会实践等活动，将社会主义核心价值观融入其中，使大学生在实践活动中感知、理解和认同这些价值观。同时，高校还可以邀请社会知名人士、道德模范等进校园，通过他们的言传身教，增强大学生对社会主义核心价值观的认同感和践行意愿。

2. 网络教育法

网络教育是指利用互联网和现代信息技术手段，创新社会主义核心价值观的教育方式和内容，提高教育的针对性和实效性。在当今信息化时代，网络已成为大学生获取信息和交流思想的重要平台。因此，高校应充分利用网络资源，建立社会主义核心价值观的网络教育平台，例如开设网络课程、建立主题网站、开展网络讨论等。通过这些方式，可以将社会主义核心价值观以更加生动、形象的方式呈现给大学生，增强他们的学习兴趣和接受度。同时，高校还应加强网络舆情的引导和管理，确保网络教育环境的健康。

3. 自我教育法

自我教育法是指通过激发大学生的内在动力和自我意识，引导他们自觉地进行社会主义核心价值观的学习和践行。大学生作为独立的个体，具有自我认知和自我发展的能力。因此，在培育社会主义核心价值观的过程中，应注重发挥大学生的主体作用，引导他们进行自我教育。高校可以通过开展主题班会、座谈会、辩论赛等活动，鼓励大学生围绕社会主义核心价值观进行思考和讨论，形成正确的价值判断和价值选择。同时，高校还可以引导大学生将社会主义核心价值观内化为自己的行为准则和价值追求，通过实际行动来践行这些价值观。

第三节　思想政治课程教学方法的改革

一、思想政治课程的课堂教学方法

（一）制定授课班级课堂教学规章

在思想政治课程教学中，大班授课模式的采用使得课堂管理面临更大的挑战，制定授课班级的课堂教学规章显得尤为重要。课堂秩序的良好与否直接关系到教学的顺利进行和教学效果的提高，特别是在思想政治课程这一公共必修课程中。为了有效缓解教育资源相对紧张的问题，需要通过制定授课班级的课堂教学规章，建立制度化的课堂规则，明确规范学生在课堂中的行为，以提高思想政治理论课大班授课的教学效果。

在备课的初步阶段，思政课教师需要对所教学生的专业构成进行调查和分析，了解学生的背景、特点和需求，为后续的课堂规章制定提供基础。明确本门课的课堂规章、学习要求，并在第一堂讲课时向全体学生郑重、明确地声明，同时表示教师也将严格执行。通过公示规章，教师能够在学生心中树立起严肃的教学形象，为后续的教学活动奠定基础。

通过明确的规章，建立起有力的管理机制，促使学生自觉遵守，提高一学期思想政治理论课教学的效果。通过制定授课班级的课堂教学规章，可以有效提高思想政治理论课大班授课模式下的教学效果，为教学工作打下坚实的基础。因此，建议思政课教师在备课过程中充分重视课堂管理，为学生思想政治素质的全面提升提供有力支持。

（二）思想政治课程课堂教学时间的有效管理和优化

思想政治课程作为高校教育的重要组成部分，其课堂教学时间的有效管理和优化对于提升教学质量，培养学生正确的价值观和世界观具有重要意义。以下将从五个方面详细论述如何有效管理和优化思想政治课程的课堂教学时间。

第一，减少时间浪费是优化课堂时间管理的首要任务。在提高课堂时间效益的过程中，必须建立科学的教学制度，并强调教师对时间的敏感性。这意味着，需要通过一系列措施来降低教师和学生可能导致时间浪费的人为因素，确保规定的有限时间得到最大限度的利用。具体措施可以包括：实行教师在课前3分钟等待学生的制度，以确保所有学生都能准时进入课堂；严格要求学生认真执行课前准备，例如预习教材、准备学习工具等，以减少在课堂上的准备时间；教师在课后确保不拖延教学进度，按时完成教学任务。

第二，掌握最佳时域是提高课堂时间效益的关键。人在一天中的不同时间段，其注意力和学习效率是有所差异的。因此，教师需要了解并掌握学生的最佳学习时段，合理安排教学内容和活动，使教学活动能够在学生注意力最集中、学习效率最高的时段进行，从而达到最佳的教学效果。

第三，信息量要适中是课堂时间管理的另一个重要方面。在思想政治课的教学中，教师需要根据课程目标和学生的实际情况，合理安排教学内容的信息量。信息量过大，会导致学生无法有效吸收和理解；信息量过小，则会造成课堂时间的浪费。因此，教师需要在课前进行充分的教学设计，确保每堂课的信息量既充实又适中。

第四，提高学生专注度是优化课堂时间管理的核心。学生的专注度直接影响课堂时间的有效利用。因此，教师需要采取多种措施来提高学生的专注度，例如设置悬念、提出问题、引入案例等，以激发学生的学习兴趣和好奇心，使他们在课堂上保持高度专注。

第五，教学手段多样化是优化课堂时间管理的重要途径。随着信息技术的发展，现代教学手段日益丰富多样。教师可以充分利用多媒体、网络等现代教学手段，丰富课堂教学形式和内容，提高课堂的互动性和趣味性，吸引学生的注意力，提高课堂时间的有效利用率。

（三）创设课堂讲授吸引力

让学生产生兴趣是教学过程中至关重要的一环。兴趣被认为是最好的教师，因为它能够引导学生集中精力，主动去获取知识，并在学习活动中展现出创造性。在培养学生学习兴趣的过程中，教师的素养、教学设计，以及教学的艺术性都起着至关重要的作用。

第一，教师被视为用灵魂塑造灵魂的引导者。优秀的教师懂得如何用眼神和言语与学生交流，激发他们对知识的好奇心。教师的人格魅力会对学生的兴趣产生深远的影响。在思想政治课等教学领域，教师需要特别注意提高自身的素养，建立和谐的师生关系。诚信为本、有诺必践、言行一致是塑造良好师生关系的关键，而且教师应该以身作则，率先垂范。

第二，教学设计也是激发学生兴趣的重要环节。教师应该灵活运用多种教学方法和手段，使课堂更加生动有趣。通过引入实例、故事、互动等元素，可以增加学生对学科的兴趣。此外，教师还需关注学生的个性差异，根据学生的兴趣和特长进行个性化的教学设计，使每个学生都能找到学习的乐趣。

第三，教学的艺术性是培养学生兴趣的关键之一。教师需要具备教育艺术家的眼光，善于发现学科内的美感和深度。通过巧妙的引导激发学生思考，能够让学生在学习中感受到快乐和成就感，从而更加热爱学科。

（四）创设课堂师生互动

思想政治理论课作为学生世界观、人生观、价值观逐步形成时期的一部分，其师生互动在冲突与整合方面展现出独特的复杂性和综合性。学生群体具有易变性和不稳定性的特点，正经历个体与社会价值不断冲突与整合的成长过程。这一点决定了思想政治理论课的课堂师生互动内容及过程不仅是简单的知识传递，更是一种引导和塑造学生价值观念的复杂任务。

在这个过程中，师生互动中的冲突与整合不可避免地存在。学生在形成个人观念的过程中，可能会与教材、教师观点产生分歧，甚至与同学存在意见不合。这种冲突既是学生个体思考的表现，也是他们社会适应的一部分。教师在这一环境中需要敏锐地觉察到冲突的存在，并通过适当的引导和解释，促使学生在思考中逐渐理解、接纳，甚至转变个人观念。冲突的存在是学生成长过程中的正常现象，通过适度的冲突，学生才能够更全面地认识自我和社会。

同时，师生互动的整合过程也显得至关重要。教学活动不仅要符合规范和原则，更需要灵活应对教学过程中的变化信息。思想政治理论课的教学对话往往始于共同的主题，通过话题的有效转换和认同的持续建构，使双方的经验得以增长并促使精神的变化。整合的过程不仅是知识的整合，更是师生关系、观念认同的整合。在每一次对话的环节中，师生需要相互合作，通过相互理解和尊重，在共识中形成对思想政治理论更深层次的认知。

（五）思想政治课堂上的灵活应变

在当今信息爆炸的时代，学生接触信息的途径越发多元化，其视野也更加开阔。教师应当善于根据学生的多样性，调整教学方法和内容，以激发学生的思考和想象力。通过灵活的应变，教师能够及时捕捉学生的兴趣点和思维重心，使课堂更具吸引力和启发性，为学生的智力发展提供有力支持。当代学生往往具有独立思考的特点，教师的灵活应变应当在引导学生发现问题和提出问题的过程中得以体现。教师应当充分利用学生的独立性，通过精心设计的问题引导，促使学生深度思考，培养他们的批判性思维和创造性思维能力。这种灵活的引导方式不仅能够满足学生的个性化需求，也有助于拓展学生的认知领域，为他们未来的发展打下坚实基础。

在教师的积极引导下，学生的学习热情会得到有效激发，使其保持积极的学习状态，主动参与课堂活动。通过这种互动式的教学方式，学生更容易发挥主体作用，增强对知识的理解和运用能力。因此，教师的灵活应变在思想政治理论课课堂中不仅是一种教学策略，更是一种促使学生成长的重要手段，能够收获满意的教育效果。

此外，教师的灵活应变也有益于提升自身的业务水平和威望。通过深入了解学生的需求和特点，教师能够更好地调整和更新自己的教学方法，不断改进教学设计。这种不断学习和适应的态度不仅可以提高教师的专业素养，还可以增强学生对教师的信任和尊重。因此，灵活应变不只是教师对学生负责的表现，同时也是构建良好师生关系的有效手段。

二、思想政治课程的实践教育法

思想政治教育的实践教育法是一种将理论知识与实际活动相结合，通过具体实践来增强教育效果的方法。"实践教育法是思想政治教育的重要方法，科学地认识实践教育法，明确实践教育法的理论根据、重要意义和主要方式，有利于在实际工作中更好地发挥实践教育法的作用，从而更好地实现思想政治教育的目的。"[①]

（一）实践教育法的意义

在当今社会，实践教育法对于学生的培养是至关重要的。正如党和国家高度重视的那样，社会实践不仅是学生思想政治教育的重要一环，更是他们成长成才的必由之路。

从"红"的角度来看，实践教育法有助于学生坚定理想信念，传承红色基因。通过深入基层、了解国情，学生能够亲身感受到中国特色社会主义的伟大实践，进一步加深对党的路线方针政策的理解和认同。这种实践教育，能够引导学生树立正确的世界观、人生观和价值观，坚定在中国共产党领导下，走中国特色社会主义道路的信念，为实现中华民族伟大复兴的中国梦贡献青春力量。

从"专"的角度来看，实践教育法有助于学生提升专业素养，提高实践能力。通过参与社会实践，学生能够将所学理论知识与实际工作相结合，提高解决实际问题的能力。同时，实践教育还能够拓宽学生的专业视

---

① 魏志强. 论思想政治教育实践教育法 [J]. 传承，2009（12）：70.

野，让他们在实践中了解行业前沿动态，增强专业敏感性，提高创新能力。这种实践教育，能够使学生更好地适应社会发展的需求，成为具备专业素养和实践能力的优秀人才。

从"全"的角度来看，实践教育法有助于学生全面发展，提升综合素质。社会实践涵盖了多个领域和方面，学生通过参与不同形式的社会实践，能够锻炼自己的组织协调能力、沟通能力、团队协作能力等综合素质。同时，实践教育还能够培养学生的社会责任感和历史使命感，让他们在实践中认识到自己的责任和担当，形成积极向上的人生态度和价值观。这种实践教育，能够使学生在全面发展的道路上不断前进，成为具备综合素质的优秀人才。

1. 坚定学生的思想政治立场

理论教育与实践教育相结合，是培养社会主义建设者和接班人的关键途径。思想政治教育的深化，不仅依赖于课堂讲授，更需通过社会实践活动来实现。

社会实践活动，作为马克思主义理论教育的补充，已被证明是促进学生全面发展的有效手段。自20世纪中叶以来，教育部门便强调学生参与劳动生产和社会活动的重要性，以实现感性认识与理论知识的有机结合。随着改革开放的深入，社会实践教学被正式纳入教育体系，成为学生教育不可或缺的一部分。

社会实践的积极作用不容忽视。它不仅帮助学生深入了解国家的发展成就，而且通过亲身体验，促进了对价值体系的深刻理解和对社会变革的积极适应。此外，社会实践还有助于学生在思想上与党的路线方针政策保持一致，从而坚定走中国特色社会主义道路的信念。

思想政治教育的深化，还要求学生在面对现实困难和问题时，能够给予深刻的理解和正确的认识。学生的理想化思维倾向，往往需要通过社会实践来加以纠正，以克服片面性和理想化的思想局限。通过参与社会实践，学生能够更全面地了解国情民情，增强忧患意识和社会责任感，在政治敏锐性和科学世界观、人生观、价值观的构建上取得实质性进步。

2. 提高学生的专业素质

通过实践教育，学生能够全面深入地体验和掌握专业学习的社会价值，进一步加深对专业的热爱程度，增强内在的学习动力，更清楚地认识到学习的目的。实践使学生不仅能够将所学知识与实际工作相结合，更能够在其中不断发现自身学习的不足，以及与社会要求之间的差距，不断完善和提高自身的专业素养。

实践教育还为学生提供了一个在社会中锻炼和成长的机会。通过实践，能够培养学生的吃苦精神、团队合作意识、职业道德情操、服务意识和实践意识，这些都是在课堂上难以学到的宝贵品质。实践教育促进了学生的全面成长成才，使他们在未来的职业生涯中更具竞争力。

更为重要的是，实践教育法强调学以致用、理论联系实际、理论指导实践。无论是自然科学还是社会科学，仅有书本知识是不够的。自然科学的成果需要运用于实践才能转化为生产力，而社会科学知识也只有运用到实践中去分析问题、解决问题，才能被真正吸收、消化和提高。实践教育的意义就在于使学生能够把书本上学到的知识和实际工作紧密结合起来，通过亲身体验和实际操作，充分运用所学知识去分析问题、解决问题，并在这个过程中检验知识和理论的科学性。

3. 提高学生的综合素质

实践教育法是实现学生社会化的有效手段。社会化是一个个体从自然人向社会人转变的复杂过程，涉及个体对知识、技能和社会规范的学习和掌握。这一过程不仅包括社会对个体的教化，还包括个体对社会的适应，体现了个体与社会之间的互动。对于青年学生而言，社会化是其成长过程中不可或缺的一部分，它帮助学生为扮演好未来的社会角色做好准备。

教育的目的是帮助学生完成社会化，建立基本的社会意识，掌握必要的社会技能。社会实践活动为学生提供了一个从大学教育向职业生涯过渡的平台，帮助他们在社会中找到自己的位置，学会处理人际关系，了解并遵循社会道德标准，培养法治意识和职业道德，增强社会责任意识，提高社会适应能力。通过社会实践，学生能够在现实生活的挑战中不断自我完善，为承担新的社会角色做好充分的心理准备。

（二）实践教育法的主要特征

实践教育法作为一种以实践活动为主要形式的教育方法，具有一系列独特而鲜明的特征。这些特征不仅体现了实践教育法的核心价值，也为其在教育领域中的广泛应用和深远影响奠定了坚实的基础。

第一，主体性。实践教育法深刻地体现了学生的主体性，即强调学生在实践活动中应占据核心地位，充分发挥其内在的主观能动性。这一核心特征要求教育实践者在设计和实施教育活动时，必须充分尊重学生的个性差异和主体地位，确保每个学生都能在实践活动中找到自己的位置，发挥自己的作用。实践教育法鼓励学生积极参与各类实践活动，通过亲身体验和实际操作，主动探索、发现和解决问题。在这个过程中，学生能够更加深入地了解和掌握所学知识，将理论与实践紧密结合，从而构建起属于自己的知识体系。同时，实践活动还能有效培养学生的自主学习能力、自我发展能力和自我完善能力，使他们学会如何独立思考、如何自我驱动、如何不断进步。这种对学生主体性的强烈强调，有助于充分激发学生的内在学习动力，让他们从内心深处热爱学习、追求成长，进而实现个人的全面发展。

第二，互动性。实践教育法高度重视教育活动中的互动性，认为互动是促进学生学习和成长的重要途径。这种互动性不仅体现在师生之间，还广泛存在于学生与学生之间，以及学生与实践环境之间。通过多层次的互动，学生可以更加深入地理解和掌握知识，将所学内容与实际情境相结合，形成更加深刻、全面的认知。同时，互动还能有效培养学生的沟通能力、协作能力和团队精神等社交技能，使他们在实践中学会如何与他人合作、如何协调不同意见、如何共同解决问题。教师在实践活动中扮演着引导者和指导者的角色，他们与学生并肩作战、共同探索、解决问题，形成一种平等、民主、开放的师生关系。这种互动性的强调，有助于营造一个积极、和谐的学习氛围，让学生在轻松、愉快的环境中自由表达、大胆尝试、不断成长。通过这样的互动实践，学生的综合素质可以得到全面提升，为未来的学习和生活打下坚实的基础。

第三，综合性。实践教育法展现出鲜明的综合性特征。这种综合性不仅体现在将德育、智育、体育进行有机结合上，还深入贯彻到对学生多种知识、技能和素养的全面培养中。实践教育法鼓励学生通过实践活动，将所学的理论知识、技能和方法进行综合运用，以解决实际问题。在这个过程中，学生不仅能够巩固和深化所学的理论知识，还能将知识转化为实际能力，提高解决问题的能力。此外，实践教育法还注重培养学生的创新思维、批判性思维和团队协作能力等多方面的素养。这种综合性的强调，有助于实现全方位育人的目标，促进学生的全面发展。通过实践教育法的实施，学生将在知识、能力、素养等多个层面得到全面提升，为未来的学习、工作和生活奠定坚实的基础。

（三）实践教育法的基本形式

实践教育法在高校思想政治教育中处于举足轻重的地位，其形式多样，旨在通过实际操作与亲身体验，深化学生对理论知识的理解，提升其思想政治素质，并培养其社会责任感。

第一，社会实践形式。社会实践是高校思想政治教育中最直接、最生动的实践形式之一，具有极高的教育价值和现实意义。它涵盖了社会调查、志愿者服务、公益活动、实习实训等多种方式，为学生提供了走出校园、深入基层、了解社会的宝贵机会。通过这些活动，学生能够亲身感受社会现状，服务社会，学习并掌握调查方法、人际交往技巧等实用技能，同时提升思想政治素质和社会责任感。

例如，在社会调查中，学生可以针对社会热点问题展开调研，了解问题的本质和根源，增强分析问题和解决问题的能力。在志愿者服务中，学生可以亲身参与社会公益事业，为弱势群体提供帮助和服务，培养奉献精神和社会责任感。这些实践活动不仅有助于学生将理论知识与实际应用相结合，还能让他们在实践中不断锤炼自己的意志品质和道德情操。

第二，基地教育形式。基地教育形式是一种创新的实践教育方式，它充分利用地方教育资源优势，建立校外德育教育基地，组织学生到基地进行参观学习，接受现场思想政治教育。这种形式能够让学生身临其境地感受革命传统、历史文化和现代科技成就，从而加深对思想政治理论的理解和认同。

通过基地教育，学生可以更加直观地了解历史事件、革命传统和先进科技，感受其背后的精神内涵和价值观念。这种身临其境的学习方式不仅丰富了教学内容，还增强了教学的感染力和说服力，使学生能够在直观感受中接受并内化思想政治教育。同时，基地教育还能培养学生的实践能力和创新精神，为他们未来的成长和发展打下坚实的基础。

三、现代化视域下思想政治课程教学方法的创新

（一）思想政治课程教学方法创新原则

第一，方向性原则。方向性原则要求思想政治教育始终坚持正确的政治方向和价值导向。高校思想政治教育的核心任务是培养具有坚定理想信念、深厚家国情怀和高尚道德情操的社会主义建设者和接班人。在方法创新过程中，必须牢牢把握马克思主义的指导地位，确保教育内容和方式始终围绕中国特色社会主义的核心价值观展开，防止偏离正确方向或受到错误思潮的影响。

第二，协同性原则。协同性原则强调思想政治教育的系统性和整体性。高校思想政治教育不仅是思想政治理论课的任务，而且应当渗透到各个学科、各类活动和校园文化建设之中。要充分调动和整合校内外各种资源，形成教育合力。例如，教师、学生管理人员和社团组织应紧密合作，构建全员、全过程、全方位的育人体系。通过多方协同，实现思想政治教育的无缝衔接和整体推进。

第三，开放性原则。开放性原则提倡思想政治教育要在开放的环境中进行，善于借鉴和吸收国内外优秀教育理念和方法。面对全球化和信息化的冲击，高校思想政治教育需要走出封闭的校园，积极引入先进的教育技术和国际化的视野。例如，可以通过与国外高校合作，开展国际交流项目，提升学生的全球视野和跨文化理解能力。同时，利用互联网和新媒体技术，打造线上线下相结合的教育平台，增强思想政治教育的吸引力和实效性。

（二）思想政治课程教学的创新方法

1. 协同教育法

在现代化视域下，高校思想政治教育的创新方法中，协同教育法是极具代表性和实践意义的一种模式。协同教育法强调将多方资源进行整合与协调，通过系统性的教育策略，增强思想政治教育的效果。在这个过程中，思政课程与课程思政的协同教育法成为关键的组成部分，二者的有效融合是实现高校思想政治教育目标的重要途径。

课程思政则是将思想政治教育融入各类专业课程的教学过程中，使思想政治教育覆盖整个教育过程，达到"全程育人、全方位育人"的效果。协同教育法是将思政课程与课程思政有机结合，通过一体化设计和实施，最大限度地发挥思想政治教育的整体效能。

协同教育法的实施路径主要包括以下方面：

（1）构建系统化的教育体系

协同教育法需要高校在顶层设计上进行系统化的规划，要从学校层面制订总体的思想政治教育方案，将思政课程与各专业课程的思想政治教育内容进行有机融合，通过制订详细的实施计划和评价标准，确保思政教育的内容能够融入各类课程教学中。

（2）加强师资队伍建设

教师是实施协同教育法的关键，高校应注重培养一支既懂专业知识又具备深厚思想政治素养的教师队伍，通过开展定期的师资培训、学术交流和教学研讨，使教师能够准确把握课程思政的内涵与要求，并在教学中有效实施。

（3）创新教学方法

在协同教育法的实施过程中，教学方法的创新是提高教育效果的重要保障。要充分利用现代信息技术，发展线上线下相结合的混合式教学模式，增强学生的参与感和互动性。同时，可以通过案例教学、项目式学习等方法，将思想政治教育与专业知识相结合，提升学生的综合素质。

（4）营造良好的教育氛围

高校应注重营造浓厚的思想政治教育氛围，通过校园文化建设、主题活动和社会实践等多种形式，丰富学生的思想政治教育体验。通过组织各类主题讲座、社团活动、志愿服务等，使学生在实践中领会思想政治教育的深刻内涵。

协同教育法在实际操作中已经显示出显著的效果。通过思政课程与课程思政的有效融合，学生的思想政治素质可以得到显著提升，理论素养与实践能力得到同步提高。同时，教师的教学能力和科研水平也在不断提升，教学相长的良好局面逐渐形成。未来，高校思想政治教育的协同教育法需要进一步深化和完善。在全球化、信息化迅速发展的背景下，高校应不断探索新的教育模式和方法，注重理论与实践的结合，强化教育内容的时代性和针对性。通过持续的创新和实践，协同教育法必将在高校思想政治教育中发挥更加重要的作用，推动思想政治教育水平迈上新台阶。

2. 舆情分析法

舆情分析法作为一种创新的方法，能够为高校思想政治教育提供新的思路和工具。以下将从强调参与性、注重接受和积极反馈三个方面详细论述舆情分析法在高校思想政治教育中的应用及其意义：

（1）舆情分析法强调参与性

现代高校的学生群体具有高度的自主性和参与意识，传统的思想政治教育方式往往难以激发学生的兴趣和参与热情。舆情分析法通过对网络舆情的实时监测和分析，能够捕捉到学生群体关心的热点话题和意见动向，为思想政治教育提供准确的切入点。例如，通过分析社交媒体上的讨论热点，教育者可以了解学生在社会热点事件中的态度和观点，并将这些内容纳入教学中，形成师生互动的良性循环。参与性不仅体现在学生对教育内容的反馈上，还体现在他们在舆情分析过程中扮演的角色上。学生可以通过实践操作了解舆情分析的基本方法和技术，增强自身的信息素养和参与意识，增强思想政治教育的效果。

（2）舆情分析法注重接受

思想政治教育的最终目标是使学生在思想上和行动上认同和接受教育内容，而不是简单地灌输知识。舆情分析法通过对学生群体情绪和态度的深度分析，可以帮助教育者了解学生对教育内容的接受程度和心理反应。这样，教育者可以根据学生的实际情况调整教学策略和方法，提高教育的针对性和有效性。例如，通过分析学生对某一政策或事件的反应，教育者可以发现其中存在的误解和偏见，及时进行引导和澄清，提高学生对教育内容的接受度和认同感。这种注重接受的教育方式，不仅有助于实现教育目标，还能培养学生的批判思维能力和理性思考能力，使他们在复杂多变的社会环境中保持清醒和理智。

（3）舆情分析法强调积极反馈

反馈是教育过程中不可或缺的一环，通过有效的反馈机制，教育者可以了解学生的学习情况和思想动态，及时调整教育内容和方法。舆情分析法通过大数据技术，对学生的意见和建议进行系统的分析和整理，形成详尽的反馈报告，供教育者参考。这种反馈不仅是单向的信息传递，更是双向互动的过程。教育者可以根据反馈结果，主动与学生进行沟通交流，了解他们的真实想法和需求，并在此基础上进行有针对性的教育和引导。例如，通过舆情分析，教育者可以发现某一时期学生普遍关注的社会问题，有针对性地开展专题教育活动，回应学生的关切和期望。积极反馈不仅可以提高思想政治教育的实效性，还能增强师生之间的信任和理解，形成良好的教育生态。

3. 虚实结合法

在现代化视域下，高校思想政治教育创新方法应充分利用虚实结合法，将线下教育与线上教育有机结合，形成一种相辅相成的教育模式。这种方法不仅顺应了信息时代的发展潮流，更能够有效提升思想政治教育的实效性和覆盖面。

虚实结合法通过线下教育与线上教育的融合，能够更好地满足学生多样化、个性化的学习需求。传统的线下思想政治教育依赖于课堂教学、课外活动等形式，虽然能够提供面对面的互动和沟通，但受限于时间和空间的限制，无法全面覆盖每一位学生。而线上教育则借助互联网和数字技术，可以随时随地提供丰富的教育资源和互动平台，打破了时空的限制，极大地拓宽了思想政治教育的渠道。通过虚实结合，学生既可以在课堂上与教师面对面交流，接受系统的理论知识教育；又可以利用网络平台进行自主学习和讨论，形成对知识的更深理解和思考。

虚实结合法可以增强思想政治教育的互动性和参与感。线上教育平台可以通过多种多样的互动形式，例如直播课程、在线讨论、案例分析、角色扮演等，激发学生的学习兴趣和参与热情。线下教育通过组织各种实践活动，例如社会调研、志愿服务、主题讲座等，让学生在实际行动中感受和体验思想政治教育的内容。两者结合，不仅能够调动学生的积极性，还能促使他们在理论与实践的结合中深刻理解和认同思想政治教育的核心价值观。

虚实结合法有助于思想政治教育资源的优化配置和共享。线上教育平台可以汇集全国乃至全球范围内的优质教育资源，例如名师讲座、经典文献、优秀案例等，为学生提供丰富多样的学习材料和参考。而线下教育则可以根据学生的具体情况和实际需求，有针对性地安排教学内容和活动。通过线上线下的有机结合，教育资源可以得到更加合理和高效的利用，使得每一位学生都能够享受到优质的思想政治教育。

虚实结合法在高校思想政治教育中的应用，还需要建立完善的保障机制。①需要加强信息化基础设施建设，确保网络平台的稳定运行和教学资源的充足供应。②需要提升教师的信息化素养和教学能力，使其能够熟练运用现代化教育手段进行教学。③还需要制定科学的评价体系，对线上线下教育效果进行全面评估，以不断优化和改进教育方法和内容。

（三）思想政治课程教学方法创新的途径

1. 从"单向传授"向"多维互动"转变

在传统的思想政治教育模式中，教师通常扮演着知识传授者的角色，学生则是被动的接受者。现代化视域下的高校思想政治教育更强调师生之间的互动，倡导"多维互动"的教学模式。通过师生间的互动，学生不仅能更深刻地理解教学内容，还能在交流中提出自己的见解，保持独立思考和创新意识。例如，可以通过讨论、辩论、案例分析等多种形式，让学生在参与过程中理解思想政治理论的实际应用，增强教育的实效性和针对性。这种互动模式不仅有助于教师及时了解学生的思想动态和接受情况，还能让学生在互动中体验到思想政治教育的现实意义，提升他们的参与感和认同感。

2. 从"经验型"向"科学型"转变

传统的高校思想政治教育多依赖于教师的个人经验和主观判断，这种"经验型"教育模式虽然在一定程度上具有灵活性和个性化，但也容易带来不够系统的现象。随着教育科学的发展，高校思想政治教育应更多地依托于科学研究的成果和系统的理论框架，向"科学型"转变。通过引入教育学、心理学、社会学等多学科的研究成果，构建科学的教育方法和评估体系，确保思想政治教育的科学性和有效性。例如，可以采用心理学中的认知理论来设计教学内容，使之更符合学生的认知规律；通过社会学的视角分析当代大学生的思想动态，有针对性地开展教育活动。同时，还可以运用数据分析技术，系统地评估教育效果，及时调整教育策略，以实现更加精确和高效的思想政治教育。

3. 从"单平台"向"全媒体"转变

在信息化时代，单一的教育平台已不能满足当代大学生多元化的学习需求和信息获取习惯。思想政治教育必须适应这种变化，从"单平台"向"全媒体"转变。全媒体的教育模式不仅包括传统的课堂教学和纸质教材，还涵盖了网络课程、社交媒体、移动应用等多种新媒体手段。通过对全媒体的综合运用，可以极大地拓展思想政治教育的覆盖面和影响力。例如，利用微信公众号、微博、抖音等平台发布思想政治教育内容，使学生在日常生活中随时随地接触到相关信息；通过在线课程和虚拟课堂，实现跨时空的教学互动，满足不同学生的个性化学习需求；利用数据挖掘技术，分析学生的兴趣和关注点，有针对性地推送教育内容，提高教育的精确性和吸引力。这种全媒体的教育模式，不仅能丰富思想政治教育的形式和内容，还能提升其时代感和亲和力，使思想政治教育更加贴近学生的实际生活。

第四节　思想政治课程建设的保障与完善

一、思想政治课程建设的组织保障

"思想政治理论课是高校进行大学生思想政治教育的主阵地。"[①] 要确保这一主阵地的作用得到充分发挥，完善的组织管理体系无疑是开展思想政治课程建设的有力保障。高校在推进思想政治课程建设的过程中，必须树立科学发展观，从组织层面为课程的实施与发展提供坚实的支撑。

为了确保思想政治课程建设的顺利进行，高校需要构建一个全面、系统的组织保障体系。这一体系不仅涉及学校内部的各个部门，还需要得到地方政府、教务部门等外部主体的支持与重视。缺乏这些关键要素的支持，思想政治课程建设的推进将面临诸多挑战。

在组织保障的具体构建上，高校应成立专门的思想政治课程教学指导委员会。委员会应作为一个跨部门、跨职能的协调机构，负责统筹规划、指导监督思想政治课程建设的实施。委员会的成员应涵盖学校内部的各个相关部门，例如宣传部、学工处、教务处、后勤处、团委以及财务处等，以确保在课程建设过程中能够充分考虑到各方面的需求和利益。同时，建

---

① 韩路.大学生思想政治理论课学习现状与对策 [J]. 淮北职业技术学院学报，2017，16（2）：84.

立思想政治课程建设管理联席会议制度也是必不可少的。通过定期召开专题会议，邀请相关部门负责人参加，共同商讨和部署思想政治课程工作计划，可以确保课程建设工作的有序进行。这样的组织架构和运行机制有助于形成合力，共同推动思想政治课程建设不断向前发展。除了成立专门的指导委员会和建立联席会议制度外，高校还应注重提升思想政治课程建设在学校整体发展规划中的地位。将思想政治课程建设纳入学校长期发展规划，明确其在人才培养、学科建设等方面的重要作用，可以为课程建设提供更多的资源和支持。

此外，高校还应积极寻求外部支持与合作。与地方政府、教务部门等建立紧密的合作关系，共同为思想政治课程建设提供政策、资金等方面的支持，可以进一步拓展课程建设的空间和资源。

二、思想政治课程建设的教师队伍保障

"思想政治理论课教师是先进思想文化的传播者、党执政的坚定支持者、大学生健康成长的指导者与引路人。"[①]

（一）优化工作环境与条件

第一，高校应注重为思想政治教育教师提供完善的硬件设施和资源支持。良好的办公环境和充足的教学资源是教师高效工作的基础条件。高校应确保教师拥有独立的办公场所，以便于教师在安静、舒适的环境中进行教学准备和科研工作。完善的教学设备和资源能够极大地提升教学效果和科研质量。通过提供必要的硬件支持，高校可以为教师创造一个良好的工作环境，促进其专业发展。

第二，高校应重视教师的福利待遇和职业保障。教师的工作待遇直接关系到其工作积极性和职业满意度。高校应根据教师的工作表现和贡献，制定合理的薪酬体系和激励机制，确保教师的劳动成果得到应有的回报。同时，还应关注教师的职业发展，为其提供多样化的培训和进修机会，帮

---

① 王易，岳凤兰.关于加强新时代高校思想政治理论课教师队伍建设的思考 [J].思想理论教育，2018（5）：61.

助教师不断提升专业素养和综合能力。通过提高福利待遇和职业保障，高校可以增强教师的职业认同感和归属感，激发其工作热情。

第三，关注教师的心理健康和职业压力也是优化工作环境的重要内容。思想政治教育教师在工作中可能面临较大的心理压力和职业挑战，高校应为教师提供必要的心理支持和帮助。可以通过设立心理咨询中心、组织心理健康讲座等方式，为教师提供专业的心理咨询和辅导服务，帮助其缓解压力、调整心态。此外，开展丰富多彩的文体活动，也是提升教师心理健康水平的重要手段。通过组织各类文体活动，高校可以增强教师的身体健康和心理素质，营造积极向上的工作氛围。

第四，高校应注重教师团队的建设和合作，营造良好的工作氛围。教师之间的合作与交流是提升工作效率和质量的重要因素。高校应通过组织各类学术交流活动、教学研讨会等方式，促进教师之间的相互学习和合作，共同提升专业水平和教学质量。此外，建立和谐、友爱的工作氛围，有助于增强教师的团队凝聚力和合作精神，提升整体工作效能。

第五，高校应注重制度建设和规范管理。通过制定科学合理的管理制度和工作流程，确保各项工作有序开展，减少不必要的行政负担，提升工作效率。同时，还应加强对各项制度的执行和监督，确保政策措施落到实处，为教师创造一个公平、公正、透明的工作环境。

第六，高校应注重创新工作方式和手段，提升管理和服务水平。随着信息技术的发展，高校可以通过引入现代化的管理工具和平台，提升工作效率和服务质量。通过建立在线教学资源平台、优化信息管理系统等方式，为教师提供更加便捷、高效的工作支持。通过不断创新和优化工作方式，高校可以为教师创造更加良好的工作环境，提升其工作满意度和职业幸福感。

（二）完善职业发展机制

第一，建立健全的专业技术职称评定标准是完善职业发展机制的关键环节。高校应根据思想政治教育教师的专业特点，制定科学合理的职称评定标准。职称评定不仅应考虑教师的教学能力和学术水平，还应关注其在思想政治教育实践中的表现和贡献。通过设置明确的评定标准，能够为教师的职业发展提供清晰的指引，有助于引导教师不断提升自身素质和教学水平。

第二，畅通教师职称晋升的绿色通道是职业发展机制的重要保障。高校应在职称晋升的过程中，充分考虑思想政治教育教师的特殊性，避免以学术论文数量等单一指标作为晋升的主要依据。应综合考虑教师的教学效果、德育工作、学生评价等多方面因素，确保职称晋升评定的公平性和科学性。同时，简化晋升程序，减少不必要的行政环节，提高评定效率，让更多优秀的思想政治教育教师能够及时获得职称晋升机会。

第三，设立多样化的激励措施是完善职业发展机制的重要手段。高校可以通过设立优秀教师奖、教学成果奖等多种形式的奖励机制，激励教师不断追求卓越。奖励机制应注重实效性和激励性，既要有物质奖励，也要有精神鼓励，增强教师的职业荣誉感和成就感。可以定期评选优秀思想政治教育教师，授予荣誉称号，并给予相应的物质奖励；设立专项基金，资助教师开展教学研究和创新项目，激励教师不断提升自身素质和教育水平。

第四，高校还应注重教师职业发展平台的建设，为教师提供更多的发展机会和资源支持。可以通过设立思想政治教育研究中心、举办学术研讨会等形式，为教师提供学术交流和合作的平台，促进教师之间的相互学习和共同进步。此外，还可以通过选派教师参加国内外进修、培训等方式，拓宽教师的视野，提升其专业能力和综合素质。

第五，高校应重视思想政治教育教师的职业规划和职业指导工作，帮助教师明确职业发展方向，制定切实可行的职业发展目标。可以通过设立职业发展指导中心，提供个性化的职业咨询和指导服务，帮助教师合理规划职业路径，提升职业发展的自主性和可持续性。同时，鼓励教师结合自身特点和兴趣，积极参与各种专业培训和继续教育活动，不断更新知识结构、提升专业素养。

第六，高校应注重营造良好的职业发展环境，形成积极向上的职业文化。应倡导尊重知识、尊重人才的价值观，营造公平、公正、公开的工作氛围，增强教师的职业认同感和归属感。通过建立健全的职业发展机制，激发教师的工作热情和创新活力，提高思想政治教育的整体水平和效果。

（三）加强政策支持与保障

第一，高校应积极争取政府和教育部门的专项资金支持。专项资金是思想政治教育教师培训、科研和实践活动的重要保障。通过争取专项资金，高校可以为教师提供更多的培训机会，提高教师的专业素质和教学能力。同时，专项资金还可以用于支持教师开展科研活动，提升其学术水平和科研能力。此外，专项资金也可以用于开展各种思想政治教育实践活动，丰富教育内容，增强教育效果。

第二，高校应制定科学合理的政策措施，为思想政治教育教师的工作提供制度保障。建立教师绩效考核机制是政策保障的重要内容。绩效考核机制不仅有助于评价教师的工作表现，还可以激励教师不断提升自身能力和水平。高校应根据思想政治教育教师的特点，制定科学的绩效考核标准，综合考虑教学效果、科研成果、德育工作等多方面因素，确保考核的公平性和科学性。同时，高校还应完善教师的福利待遇，提高教师的工作积极性和满意度。合理的薪酬体系和福利待遇不仅有助于吸引和留住优秀人才，还能增强教师的职业认同感和归属感。

第三，高校应重视政策的宣传和解读工作，加深教师对政策的理解和认同。通过多种形式的宣传和解读活动，例如政策宣讲会、培训班等，帮助教师全面了解政策内容和实施细则，增强教师对政策的认同感和支持力度。同时，高校应建立畅通的沟通渠道，及时回应教师的疑问和诉求，确保政策的顺利实施和有效落地。

第四，高校应注重与其他高校和教育机构的合作与交流。通过加强合作与交流，高校可以借鉴其他高校的先进经验和做法，提升自身的政策制定和实施水平。同时，加强与教育部门的沟通和协调，争取更多的政策支持和资源，促进思想政治教育教师队伍建设的全面发展。

三、思想政治课程建设的工作评价

在现有评价机制的基础上，创新高校思想政治课程的实务育人评判标准，需要在充分发挥现有经验的有效作用的同时，注意顺应时势，一边借鉴西方国家在该领域内获得成功的模式，例如泰勒模式、目标模式、应答模式以及交互评价模式等，一边把我国当前思想教育的成功经验和优秀的传统文化融入评价体系当中，通过具体、有效措施将思想教育的评价内容、方法、主体以及功能各个要素关系起来，建立科学、准确、合理、高效的相关育人体系。

（一）多维度的评价内容

高校的思想政治课程教学的相关评价体系，应该最大限度地囊括多方面的内容。例如，对思政教育目的以及相关内容的评价，对相关的实践途径和方法的评价，对组织部门、管理部门的评价，对思政教育实践育人最终效果的评价，对评价活动的组织者和被评价的客体对象的评价等方面。在这个过程中，要确保评价的内容能够覆盖学生思想教育的每个细节、每个方面，而且同时还要注意不同地区、层次、类别之间所存在的差异和特殊之处。

高校思想政治课程实践评价机制的建立要摒弃微观的视角，从宏观的视野进行探索。其担负着精神文明建设和引导社会风气向好的方面发展的重大责任。因此，评价内容不能仅关注高校内部的思想教育，还要在此基础上，注意高校学生的思想教育实践目标实现与否，重点关注隐性成果。只有用宏观的视角去考虑问题，才能使高校思政教育实践育人机制建立起稳定、统一的准则。该准则才能够被普遍运用于社会大众，在各类高校中广泛使用，同时还需要表现出该体系对于社会风气的引导作用。

与此同时，还需要明确高校实践育人体系的建立不是一蹴而就的。大学生的知识水平可以通过考试得到准确的评判，但是素质评判却不同，无法通过硬性测试给出具体答案，无法准确评测一个人的道德品行的好与坏、素质的高与低。思想教育的过程是一个缓慢而渐进的过程，将"识、解、信、践"四个过程统筹兼顾。把道德理论转换为学生的精神修养，将修养外化为相对应的行为举止，这才是思想教育的真正目的。因此，大学生道德指标的确定要在现实生活的基础上，综合考虑个体自身的差异，实现因人而异，指标灵活。

（二）多样化的评价方法

只有将完善的评判机制与丰富的评价方式相结合，才可以打造出一个科学合理的评价体系，才能确保评价结果的公正性和客观性。由此，应该采取一些经过多次试验，具有很高价值的评判方法。

1. 定性分析与定量分析相结合

高校思想政治课程的效果是否明显，教育主体是否完成教育任务，实践育人成效是否显著，受教育对象是否符合思想教育的相关要求等，都需要给出一个结论性的定论。所以，定性评价是必不可少的，且一定程度上，定性评价为定量分析指明了方向，确定了分析范围。

定量评价是对教育者和受教育者的具体信息进行采集，通过整理数据并对其进行分析，得出结论的方法。定性评价是以定量评价为基础的，定量主要是针对各种量之间的关系进行分析，从中找出一个规律性的结论，给出一个客观的定性评价。在评价机制中，只有加大定量评价所占的比重，才能确定一个恰当的思想教育的范围，为教育对象在相关方面的评价提供一个较为准确的数据支撑。从而对其进行调查、归纳，在综合研究的基础上，结合定性评价的结论，从中发现规律，进行指导实践。

2. 整体评价与重点评价相结合

高校思想政治课程的整体评价与重点评价相结合，可以更全面地评估该课程的质量和效果。整体评价主要从多个维度出发，综合考察课程的内容设计、教师教学水平、学生学习效果等方面。而重点评价则着重关注某些关键方面，对于课程的特定侧面、指标或环节进行深入评估。

在整体评价中，首先要考察高校思想政治课程的内容设计。这包括教材选用是否恰当，内容是否全面、准确，能否满足学生的学习需求等。同时，还需要评估课堂教学的质量，包括教师的教学能力、教学方法的多样性与灵活性，以及是否能够激发学生的思考和兴趣。

此外，学生的学习效果也是整体评价的重要考量因素。通过考查学生的学习成绩、主动参与课堂讨论的程度、对思政理论的深入理解和运用等方面，可以来衡量课程对学生的实际影响。

在重点评价中，可以选择某些关键方面进行更加深入的评估。例如，对于课程内容设计，可以重点关注是否能够体现社会主义核心价值观，是否有助于学生形成正确的世界观、人生观和价值观。对于教师教学水平，可以重点考察教师是否能够灵活运用不同的教学方法，是否与学生保持密切的互动与沟通，以及是否能够将抽象的思政理论联系到实际生活中。

另外，重点评价还可以关注特定环节的工作。例如，对于课程实施中的社会实践活动，可以评估活动的安排是否合理，对学生的思想教育和实践能力培养是否起到了积极作用。对于学生的课后学习和思政实践活动，可以重点考查学生的参与程度和成效，并对相关成果进行评估。

3. 动静评价相结合

动静评价相结合有助于全面了解高校思想教育的实际情况，并提供客观准确的评价结果。动态评价注重对过去、现在和未来的发展趋势进行评估，能够捕捉到课程改进和教育效果的变化；静态评价关注在一段时间内的稳定情况，提供对某一时刻的具体状态的评价。

在动态评价中，需要关注高校思想教育的发展趋势和变化。例如，可以跟踪和分析课程内容的更新和调整，是否紧跟时代需求和学生发展的变化。还可以评估教学方法的创新与改进，是否采用了有效的教学手段和策略来提高学生的学习效果。同时，动态评价要关注学生的反馈和参与度，在实践活动中的表现和成果等方面进行评估，以及思想政治课程对学生思想意识和社会责任感的影响。

静态评价主要应用于在特定范围内、特定时段的评估。这需要建立相应的指标体系，通过收集和分析数据来进行评价。例如，可以研究和比较学生的学习成绩、参与度等数据，了解思政课程在一段时间内的整体效果。同时，也可以通过问卷调查等方式收集学生、教师和社会的评价和反馈，进行综合性的静态评价。

将动态评价与静态评价结合起来，有助于评价全面反映高校思想教育的实际情况。动态评价能够捕捉到发展趋势和变化，为改进和调整提供指导；静态评价能够提供对特定时刻的客观、准确的评价结果，为决策提供参考。通过动态与静态相结合的评价方法，可以更好地反映思政教育的效果和质量，并为进一步优化和发展提供有力支持。

（三）导向化的评价结果

现如今，高校对评价机制的研究正在不断地深入，其评价结果也在从奖惩性向发展性结果转换。通过对未来方向的明确，推动一个合理有效评价机制的建立，具体如下：

第一，弱化奖惩性质的结果。传统的奖惩式评价过于侧重于对过去行为的评判，将奖励和惩罚作为评价的终极目标。然而，这种评价结果的局限在于它只关注过去的表现，无法有效预测和引导对象的未来发展。导向化的评价结果要摒弃简单的奖惩思维，以评价的发展性和指导性为导向，关注个体的成长和进步。

第二，重视发展性评价结果。发展性评价强调对客体对象过去和现在的情况进行比较，并从中预测其未来的发展潜力。这种评价结果着眼于个体的发展过程，关注个体在不同阶段的变化和进步。它既尊重他人的评价，又注重个体对自身的评价，重视个体的自我认知和发展动力。

此外，导向化的评价结果应该突出对象的未来发展趋势，把个体的发展放在第一位。评价的目标是为了更好地指导和促进个体成长，而不仅是简单地评估目前的水平和能力。评价结果应该给予个体充分的反馈和引导，让他们了解自己的优势和不足，并为实现未来的发展目标提供支持和指导。

第五章
大学生人文精神培养

第一节　人文精神的概念与要素

一、人文精神的相关关系

（一）人文精神与大学生人文精神

1. 人文精神

人文精神作为一种普遍的人类自我关怀，其内涵丰富而深远，涉及人的尊严、价值、命运以及人类精神文化的多个维度。

人文精神的核心在于对人的尊重与关怀，表现为对人类幸福、尊严和价值的不懈追求，是对人性深层次的理解和珍视。它强调每个人都是宇宙间独一无二的存在，拥有不可被剥夺的权利和自由。这种关怀不仅限于个体的生存与发展，更涵盖了对人类整体命运的深切关注，体现了人类对自身存在的深刻反思和对理想社会的向往。

人文精神蕴含着对真理、自由、平等、正义等普世价值的追求，它鼓励人们运用理性思维去认识世界、探索真理，倡导自由意志的发挥，尊重每个人的选择和多样性。同时，人文精神反对任何形式的歧视和压迫，致力于构建一个公正、和谐的社会环境，让每个人都能享有平等的机会和权利。

人文精神是对人类精神文化现象的珍视与传承，包括对历史、哲学、文学、艺术等各个领域精神财富的挖掘和弘扬，强调这些文化成果对于塑造人类精神世界、推动社会进步的重要作用。人文精神鼓励人们欣赏美、创造美，通过艺术审美提升精神境界，促进心灵的净化和升华。

人文精神还体现在对人类超越性追求的支持与引导上，它鼓励人们超越物质层面的束缚，追求更高层次的精神满足和意义实现。这种超越性追求不仅体现在对生命和生存意义的深刻探索上，还体现在对理想、信仰和自我实现的执着追求上。

2. 大学生人文精神

大学生人文精神的内涵是一个复杂而多维的概念，它不仅涉及大学生个人的知识、技能和态度，还涵盖了他们的道德品质、社会责任感和文化素养。理解大学生人文精神的内涵，既需要从历史和理论的角度出发，也需要结合当代社会的具体实际进行分析。

大学生人文精神的内涵包括对知识的渴求和对真理的追求。大学作为知识传播和创新的主要场所，培养学生的学术能力和研究精神是其核心任务之一。大学生应具备广博的知识视野和严谨的科学态度，不仅要在自己的专业领域精益求精，还要涉猎广泛的人文社会科学知识，具有综合的分析和解决问题的能力。

人文精神体现在对人的关注和尊重上。大学生在接受高等教育的过程中，应当逐渐形成对人的价值和尊严的深刻认识。这种认识不仅包括对自我的尊重和自我实现的追求，还包括对他人的关怀和同情心。大学生应当关注社会弱势群体，理解和尊重不同文化背景和价值观念，养成跨文化的理解和沟通能力。

道德品质和社会责任感是大学生人文精神的重要组成部分。大学不仅是知识和技能的传授者，更是道德和价值观的塑造者。大学生应当在学习知识的同时，养成良好的道德品质，增强社会责任感。具体而言，大学生应当具备诚实守信、遵纪守法、热心公益、关爱他人等道德品质，并积极参与社会实践，服务社会，贡献自己的力量。

大学生的人文精神还体现在对文化的认同和传承上。文化是一个民族的精神财富和智慧结晶，是人类文明的重要载体。大学生应当深入理解和认同本民族优秀的传统文化，同时也要开放心态，吸收和借鉴世界各国的优秀文化成果。通过对文化的学习和传承，大学生能够增强文化自信，提升自身的文化素养和人文底蕴。

批判性思维和创新精神是大学生人文精神的核心要素。大学教育不仅要传授已有的知识，还要培养学生的批判性思维和创新能力。大学生应当勇于质疑权威，敢于突破传统思维的束缚，探索未知的领域，提出新的观点和理论。这种批判性思维和创新精神，不仅有助于学术研究的进步，还有助于社会的发展和进步。

大学生人文精神的内涵还包括对生态环境的关爱和对可持续发展的追求。当前，全球面临着严峻的生态环境问题，大学生作为未来社会的建设者，应当具备生态意识和环境保护的责任感。他们应当关注全球生态环境变化，积极参与环保活动，倡导绿色生活方式，为实现可持续发展贡献智慧和力量。

（二）人文精神与人文素质

人文精神与人文素质的关系是探讨教育与文化的重要课题之一。要理解这一关系，首先需要明确人文素质的构成及其层次。人文素质包括三个方面：人文知识、人文能力和人文精神。人文知识是人文素质的基础，人文能力是其外在展现，人文精神是人文素质的最高层面和内核。

人文知识是人文素质的基础层面，也是最基本、最简单的层次。人文知识指的是人类在历史、文学、哲学、艺术等领域积累的各种知识和智慧。这些知识不仅包括事实性的信息和理论体系，还涵盖了对人类文明演变过程的理解和对人类社会复杂性的认识。掌握丰富的人文知识，是培养和发展其他人文素质的前提条件。它为个人提供了宽广的视野和深厚的文化底蕴，帮助人们理解和欣赏不同的文化和价值观，增强文化自信和认同感。

人文能力是人文素质的外在展现，是在掌握人文知识的基础上，通过实际应用和实践所体现出来的能力。人文能力包括语言表达能力、审美鉴赏能力、批判思维能力、跨文化沟通能力等。这些能力不仅体现在个人的言谈举止和行为方式上，还体现在他们解决问题和应对复杂社会环境的能力上。人文能力的培养，有助于个人在社会生活中更加自信和从容，更好地理解他人、与他人合作，并在多样化的社会环境中有效沟通和交流。

人文精神是人文素质的最高层面，是人文素质的内核和灵魂。人文精神是一种深刻的价值观念和道德追求，体现了对人类自身价值和尊严的高度认同。它包括对真善美的追求、对人类共同命运的关怀、对自由和平等的尊重，以及对社会正义的执着。人文精神不只是一种思想或理念，更是一种内在的精神力量，它指导和激励着人们在面对困难和挑战时，坚持正确的价值观，追求崇高的人生目标。

在人文素质的三个组成部分中，人文精神起着核心和主导作用。没有深厚的人文精神支撑，人文知识和人文能力将失去方向和意义。人文精神赋予了人文知识灵魂，使其不只是冰冷的事实和数据，更是具有深刻人文关怀和社会责任感的智慧结晶。人文精神也赋予了人文能力价值，使其不只是技能和手段，更是服务于人类福祉和社会进步的力量。

因此，人文精神与人文素质之间的关系，可以用"内核与外延"来形容。人文精神作为人文素质的内核，决定了人文素质的方向和意义。而人文知识和人文能力作为人文素质的外延，则是在具体实践中展现和实现人文精神的途径和手段。二者相辅相成，共同构成了完整的人文素质体系。

（三）人文精神与文化素质

人文精神与文化素质的关系是理解人类教育和社会进步的重要课题。文化素质的精髓是人文素质，人文素质囊括了人文知识、人文思想、人文方法和人文精神四个方面。这些要素不仅相互联系，而且层层递进，形成了一个有机整体，其中人文精神是最为核心和决定性的部分。

人文知识是人文素质的基础层面，包括对历史、文学、哲学、艺术等领域的了解和掌握。这些知识为个人提供了理解人类文明和社会发展的基础，让人们能够从更广阔的视角来看待世界和自身的发展。掌握广博的人文知识，有助于个人形成深厚的文化底蕴和理性的思维方式，为进一步的思想和方法的形成奠定了坚实的基础。

人文思想是在掌握人文知识的基础上发展起来的对人类生活和社会现象的深刻理解与反思。它涉及对人类存在、道德价值、社会正义等问题的思考和探讨。人文思想能够引导人们形成正确的价值观和人生观，帮助个人在纷繁复杂的社会环境中保持清醒的头脑和独立的判断力。它是人文素质的中间层次，是将知识转化为智慧的重要环节。

人文方法是将人文知识和人文思想应用于实际生活和工作的手段和方式。它包括批判性思维、逻辑分析、文化鉴赏、跨文化交流等多种能力。掌握有效的人文方法，能够使人们更好地解决现实问题，提升综合素质和实践能力。人文方法的运用，体现了人文素质的外在表现，使人文精神和思想在具体实践中得以体现和发挥作用。

　　人文精神是人文素质的最高层面，是人文素质的内核和灵魂。人文精神浓缩和综合了人类文明发展的最高成果，体现了人类对于真善美的追求和对自身价值的深刻认同。具备人文精神，意味着个人不仅掌握了丰富的知识、具备了深刻的思想、掌握了有效的方法，还内化了崇高的价值观和道德追求。人文精神包括对自由、平等、正义、尊严等人类核心价值的深刻认同和践行，是个人达到最高人文素质的标志。

　　在人文知识、人文思想和人文方法的基础上，人文精神对文化素质起着决定性作用。是否具备人文精神，是人文素质的最本质、最关键的体现。一个人如果缺乏人文精神，即使掌握了再多的知识和方法，也难以真正实现自我价值和社会价值。人文精神使得知识和方法具有了更深层次的意义和目的，赋予了个人行为道德和人性的光辉。

　　因此，人文精神与文化素质的关系可以理解为核心与外延的关系。只有在具备深厚人文精神的基础上，文化素质才能真正发挥其应有的作用，推动个人和社会的全面发展。在现代教育和社会建设中，重视人文精神的培养，提升人文素质，才能够为构建一个更加文明、和谐、进步的社会提供强大的精神动力和智力支持。

（四）人文精神与科学精神

　　科学精神和人文精神虽然起初分别源于人类对自然和人世的不同认识，在研究对象、思维方式、精神本质等方面存在一定的反差，但它们在本质上却有许多共通互补之处。科学精神主要体现在对自然世界的探索和理解上，强调客观性、实证性和逻辑性，追求真理，力图揭示自然界的本质规律。人文精神关注人类社会和个体的内在世界，强调主观性、感性和价值观，追求真美善，力图提升人的精神境界和道德水准。

　　尽管科学精神和人文精神的研究对象和方法有所不同，但在其核心价值和终极追求上却有着惊人的一致性。科学求真，真中含美，科学通过对自然规律的揭示，使人们能够更加深刻地认识和欣赏自然界的和谐美。例如，物理学中的对称性、化学中的元素周期表、生物学中的进化论等科学理论不仅具有极高的科学价值，还体现出一种深刻的美感。而文艺唯美，美不离真，文学艺术等人文学科通过对人类情感和生活的描绘，也同样追求一种对真理的揭示，只不过这种真理更多的是关于人性和社会的真理。

要做到人文尚善，真善合一，人文学科不仅要关注美，还要关注善，通过文学、艺术等形式，引导人们向上向善，追求理想中的真善美境界。

科学孜孜不倦地追求真理，体现求真精神，这种求真不仅体现在对自然现象的探索上，还体现在对科学方法的严格要求上。科学研究需要实事求是，需要反复实验和验证，需要严谨的逻辑推理，这种对真理的执着追求，正是科学精神的核心所在。同时，科学也不只是为了纯粹的知识探求，更是为了造福人类，体现求善精神。科学技术的发展，很大程度上改善了人类的生活质量，提高了人们对抗自然灾害和疾病的能力，推动了社会的进步和繁荣。这种促进人与自然统一的精神与人文精神可以说是同源共生的。人文精神关注人的全面发展，强调人的尊严和价值，提倡人与人之间的和谐共处，科学的发展正是实现这些目标的重要手段之一。

因此，科学精神和人文精神在追求真善美的过程中互相补充、相辅相成。科学为人文精神提供了坚实的基础，使人文精神的追求有了现实的依托；人文精神为科学的发展指引了方向，使科学的发展更加符合人类社会的需要，更加注重人类的福祉和长远发展。科学与人文的结合，不仅是理论上的共通，更是在实践中的融合，只有在科学精神和人文精神的共同作用下，人类社会才能不断进步，实现真正的文明和谐。

（五）人文精神与人本主义

人文精神与人本主义之间存在着深刻而密切的关系，它们在思想内涵、价值追求以及对人的关注上高度一致。人文精神起源于古希腊和文艺复兴时期，是对人类自身价值和潜力的深刻思考和认同，它强调人的理性和感性统一，追求真善美的理想，提倡通过知识和艺术来实现个体和社会的全面发展。这一精神在文学、艺术、哲学等领域有着广泛的体现，通过对人类情感、思想和行为的细致描绘，表现出了对人的深切关注和高度尊重。

与此相应，人本主义是一种更加系统和理论化的思想体系。它不仅继承了人文精神对人的关注，还进一步强调了人的主体地位和自由意志。人本主义认为，人是自我实现的主体，拥有内在的价值和尊严，应当在自由和平等的环境中充分发展自身潜能。它反对任何形式的对人的物化和工具化，认为每个人都是独特的个体，具有不可替代的价值。

在人文精神和人本主义的共同框架下，教育被视为实现人的全面发展的重要途径。人文精神主张通过人文学科的学习，培养人的批判性思维、审美能力和道德判断力，使人具备健全的心智和高尚的品格。而人本主义则进一步强调教育应以人为本，尊重学生的个性和兴趣，鼓励自主学习和创新精神，帮助每个学生实现自我价值和人生理想。

此外，人文精神与人本主义在社会价值和伦理观念上也有着高度的一致性。人文精神主张社会应当尊重和保障每个人的基本权利，提倡平等、自由和博爱，追求社会的和谐与公正。人本主义更加明确地将这些价值观作为社会和法律制度的基础，强调通过民主和法治来实现人的自由和尊严。

二、人文精神的要素

（一）人文精神的核心要素——人

人文精神以人为核心，重在关注人的存在及其价值与意义，这种精神不仅体现了对人类的关怀，更是一种对人类的尊重与推崇，致力于追求自由、尊重和幸福。

人文精神强调"人"的精神，将人置于社会的中心位置，要求所有活动和决策都以人为出发点和落脚点。这种理念认为，人的感受和需求应成为社会进步的主要考量因素。真正的进步不只是物质财富的增加，更是人的全面发展，包括精神、文化和道德等方面的提升。

在现代社会，重建人民的精神家园尤为重要。人文精神强调关心人的生存境况，探讨人类的发展路径，帮助人们在物质高度发展的同时，找到心灵的归属和精神的依托。这种精神要求我们重构现代人的精神信仰和终极关怀，使人们在物质生活得到保障的同时，获得内心的平静与满足。

具体实践中，人文精神要求在教育、文化、科技等各个领域都要以人为本，关注人的需求和发展。例如，在教育领域，现代人文精神要求不仅传授知识，还要关注学生的心理发展和人格培养，帮助他们成为有独立思考能力和社会责任感的人。在科技领域，现代人文精神要求科技发展服务于人的幸福，而非仅仅追求技术的进步。

（二）人文精神中的社会取向

人文精神中的社会取向，深刻地体现了人与社会之间相互依存、相互促进的复杂关系。这一取向根植于人对"真善美"的不懈追求，不仅是个体精神世界的内在诉求，也是推动社会进步与发展的重要动力。具体而言，人文精神的社会性表现在以下两个方面：

一方面，人作为社会的有机组成部分，通过自身的实践活动、价值观念以及道德追求，积极参与到社会的构建之中。个体的思想、行为和情感，在与社会的互动过程中，不断塑造并丰富着社会的文化、制度和精神风貌。例如，艺术家通过创作传达对美的独特理解，科学家通过探索自然规律展现对美的执着追求，这些活动共同构成了社会文化多样性的基石。

另一方面，人文精神强调社会关系对人的定义和重塑作用。人并非孤立存在，而是在与他人的交往中，通过相互理解、合作与共享，不断形成和发展自身的身份认同、价值观念和行为准则。社会作为一个动态的交互平台，为个体提供了实现自我、完善人格的舞台。在这个过程中，人文精神鼓励人们关注他人的福祉，倡导公正、平等和互助的社会原则，从而促进社会整体的和谐与进步。例如，志愿服务、公益活动等，都是人文精神在社会层面的具体体现，它们强化了人与人之间的连接，促进了社会正能量的传播。

（三）人文精神中的道德取向

人文精神中的道德取向，作为探讨善之本质的核心维度，深刻地揭示了人本思想下人与自我、人与群体、人与社会之间和谐共生的关系本质。

道德作为人文精神的重要组成部分，不仅承载着对善的崇高追求，也体现了人类对于自身存在意义的深刻反思。在古今中外的哲学思想长河中，对于人文精神的道德取向，普遍强调了道德的先天认知性及其不可或缺的社会属性。儒家思想体系内，道德观念植根于天性论，倡导以"礼"为核心的社会秩序，强调个体道德修养与社会和谐的紧密关联。相比之下，西方自启蒙时代以来的人文精神哲学更加注重理性的可认识性，倡导基于理性共识的契约社会，认为道德的基石在于人类理性的觉醒与自我立法。这些多元而深刻的道德理念，尽管各具特色，却共同指向了人类对"真善美"这一终极理想的不懈追求。在这一追求过程中，人文精神不仅体现为一种理论探索，更是一种实践中的自我完善与超越。

人类之所以自愿让渡部分自然赋予的自由权利，选择遵守共同认可的社会契约，其根本动因在于对"真善美"的先天向往与内在渴望。这种契约精神，正是人文精神在社会实践层面的生动展现。它基于人性的深刻洞察，即人类天性中蕴含着对秩序、公正与和谐的深切需求。这一需求引导着人们不断探寻并实现更加美好的社会形态与人际关系。因此，人文精神中的道德取向，不仅是对个体品德的塑造，更是对人类社会共同价值与理想的不懈追求与实践。

（四）人文精神中的价值指向

人文精神中的价值指向，是人类对自身存在本质与意义深度探索的集中体现，其内涵丰富且导向明确，彰显出了积极向上的价值取向。在这一精神维度的指引下，人类不懈地追求着"真、善、美"的理想境界，将主观思维的能动性与创造性充分发挥，不仅致力于理解并改造客观世界，还通过物质资料的运用与实践活动的展开，对世界进行再创造，从而赋予人类存在以深远的意义和价值。这一价值指向的深刻内涵，并非只停留在理论层面，它强调了人文精神作为人类正向精神文化总和的地位，明确了其价值导向必须紧紧围绕人类的发展理想而展开。换言之，人文精神不仅关注个体的精神成长与自我实现，还将促进人类社会整体的进步与发展视为其终极追求。它倡导的是一种以人类全面发展为中心的价值体系。这一体系既包括了对个体内在精神世界的关注和提升，又涵盖了对社会外在环境的优化和改善。

从更广阔的视角来看，人文精神的价值指向还具有跨越时空的普遍性。它不受特定文化、历史或地域的限制，而是作为一种普遍的人类精神追求，存在于不同文明、不同时代的人类社会之中。这种价值指向的普遍性，使人文精神能够成为连接不同文化、促进人类交流的桥梁，推动人类社会向着更加和谐、进步的方向发展。

因此，人文精神的价值指向，不仅是对人类存在意义的哲学反思，还是推动社会向前发展的实践动力。它激励着人们不断超越现状，勇于探索未知，追求更加美好、和谐、理想的人类社会。在这一价值指向的引领下，人类将不断前行，创造出更加辉煌灿烂的文明成果。

第二节　大学生人文精神培养的意义

一、大学生人文精神培养是经济发展和文化建设的需要

在国家发展与社会进步的宏大叙事中，经济繁荣与文化兴盛无疑是最为关键的两极。经济的持续发展依赖于科技创新与生产效率的提升，文化的深厚积淀为社会的长治久安提供了精神支撑与价值导向。在这一背景下，大学生作为未来社会的中坚力量，对其人文精神的培养显得尤为重要。它不仅关乎对个体品格的塑造，而且是经济发展和文化建设的内在需求。

从经济发展的维度审视，人文精神的培养是推动科技创新与经济转型升级的重要动力。在知识经济时代，创新已成为驱动经济发展的核心引擎。创新不只是技术层面的突破，更包括在思维模式、价值观念层面的革新。人文精神所蕴含的批判性思维、探索未知的勇气以及对人类福祉的深切关怀，正是激发创新思维、促进科技进步不可或缺的精神资源。大学生作为科技创新的主力军，对其人文精神的培养直接关系到国家在全球竞争中的创新力与竞争力。

文化建设层面，人文精神的培养是传承与弘扬民族文化、构建和谐社会文化的基石。中国拥有丰富的历史文化遗产，这些文化遗产不仅是民族的瑰宝，还是全人类文明的共同财富。然而，文化的传承与发展并非自然而然的过程，它需要新一代人的主动学习与积极实践。大学生作为文化传承的生力军，通过人文精神的培养，能够深刻理解民族文化的精髓，增强文化自信，从而在全球化的大潮中，既保持文化的根与魂，又促进文化的交流互鉴，为构建多元共融的世界文化贡献力量。

大学生人文精神的培养是深化体制改革、建设和谐社会的必然要求。在快速的社会变迁中，价值观念的多元化与社会矛盾的复杂化对社会治理提出了新的挑战。人文精神强调的以人为本、公平正义、和谐共生等理念，为处理社会关系、化解社会矛盾提供了价值引领。大学生作为社会的未来领导者与建设者，对其人文精神的培养直接关系到社会能否形成共

识、凝聚力量，共同推进社会的公平、正义与和谐。

二、大学生人文精神培养是教育发展和改革的需要

高校作为社会知识与智慧的灯塔，其使命不仅在于为社会输送具备专业技能的技术人员和先进的劳动力，还承担着传承文化文明、引导社会风气、塑造良好风尚的重任。因此，一所现代化大学的完整构建，除了依赖雄厚的师资力量、谦逊求学的学子、丰富多元的知识体系外，更深层次的文化底蕴和浓厚的学术氛围同样不可或缺。在这一背景下，全面加强大学生人文教育，大幅度提升其人文精神，不仅是满足 21 世纪高等教育发展需要的迫切要求，更是引领大学改革新潮流的关键所在。

面对全球化的挑战、信息技术的飞速发展以及社会经济的深刻变革，高等教育必须与时俱进，不仅要在科学技术领域保持前沿，还要在人文精神的培养上深耕细作，以确保所培养的人才不仅具备专业技能，更拥有深厚的文化底蕴、高尚的道德情操和强烈的社会责任感。"建构大学生人文精神是新时代教育工作的重点及关键，培育大学生人文精神对于展现大国强国风貌、完善高校课程建设、实现学生全面发展等方面具有时代价值和现实意义。"[1]

在个体层面，人文精神的培养有助于大学生形成健全的人格、独立的思考能力、深邃的情感世界以及对美的追求，这些都是构成完整人生不可或缺的要素。在社会层面，具备高度人文精神的大学生将成为推动社会进步的重要力量，他们将以更加开阔的视野、更加包容的心态、更加创新的思维，参与到社会的各项事业中，为社会的和谐发展贡献自己的力量。

尤为重要的是，加强大学生人文精神的培养，是加快推进社会主义现代化、实现中华民族伟大复兴的必由之路。在实现中华民族伟大复兴的征程中，我们不仅需要强大的经济实力和先进的科技水平，还需要一种能够凝聚人心、引领风尚、激发创造力的精神力量。而这种精神力量的培育，很大程度上依赖于高等教育体系中人文精神的有效传承与创新发展。大学生作为民族的未来和希望，他们的人文精神状况将直接影响国家的文化软实力和国际竞争力。

---

[1] 崔佳慧. 新时代大学生人文精神培育研究 [J]. 成都行政学院学报，2021（3）：72.

因此，高校应将人文精神的培养视为教育改革与发展的核心任务之一，通过优化课程设置、强化师资培训、丰富校园文化活动、加强社会实践等多种途径，构建一个全方位、多层次的人文精神培育体系。同时，高校还应注重与国际先进教育理念的交流与融合，吸收借鉴全球范围内人文精神培养的成功经验，以更加开放和包容的姿态，推动大学生人文精神培养的国际化进程。

三、大学生人文精神培养是大学生自由全面发展的需要

大学生人文精神的培养不仅关乎大学生个体知识与技能的积累，还触及其理想信念的树立、人生价值观的塑造、道德素养与民族精神的提升，以及人格品质与综合素质的全面打造。因此，深入剖析大学生人文精神培养与其自由全面发展之间的内在联系，对于高等教育乃至整个社会的人才培养机制都具有深远的指导意义。

从理想信念的层面来看，对大学生人文精神的培养是他们树立远大坚定理想信念的基石。在全球化与信息化的时代背景下，各种思潮与观念交织碰撞，大学生正处于价值观形成的关键时期。通过人文精神的熏陶，大学生能够接触到人类文明的深厚底蕴，理解不同文化背景下的价值追求，从而在比较与鉴别中，逐渐明确自己的人生目标与社会责任，树立起既符合个人发展又兼顾社会进步的远大理想。

人文精神的培养对于大学生形成科学的人生观与价值观具有不可替代的作用。科学的人生观与价值观不仅是对世界本质的正确认识，还是指导个人行为与社会实践的内在准则。人文精神强调对人的关注、对真理的追求、对美好的向往，这些元素正是构成科学人生观与价值观的核心要素。通过对人文课程的学习和对人文活动的参与，大学生能够在实践中不断反思与自我提升，逐渐形成一套既理性又充满人文关怀的价值体系。

人文精神的培养对于增进大学生的道德素养与民族精神同样至关重要。道德素养是个体在社会生活中应遵循的基本规范，民族精神是特定文化背景下群体共有的价值取向与精神风貌。通过人文精神的教育，大学生能够深入理解传统美德与现代公民道德的内涵，增强对国家、民族的认同感与归属感，在行为上表现出更高的道德自律与对民族文化的积极传承。

人文精神的培养还直接关系到大学生人格品质的塑造与综合素质的提

升。人格品质是个体在长期的社会实践中形成的稳定心理特征，综合素质涵盖了知识、能力、情感、态度等多个方面。人文精神强调对美的追求、对真的探索、对善的实践，这些特质正是塑造健全人格与提升综合素质的关键要素。通过人文精神的滋养，大学生在知识学习之外，更加注重情感的培养、意志的锻炼、态度的端正，实现个体发展的全面性与和谐性。

第三节　大学生人文精神培养的途径

一、大学生人文精神培养的主体发挥

（一）激发大学生的主体意识

在将人文知识吸收转化为自身人文精神的整体过程中，大学生由内向外的体验和感悟至关重要。人类社会千百年来的发展积累形成了人文知识，作为一种客观存在，需要人的主观能动性发挥动作，加深理解和感悟，才能够达到预期效果。具体可以分为"知""学""悟""体""行"依次开展。

"知"是明白、了解的意思，解析人文精神的内涵和了解其重要作用，发现人文精神对人类生存发展和建设精神家园的重要意义。

"学"是倾听、观察、学习。包括两条主要道路，我们的国家、社会，包括大高校园都为大学生创造了良好的学习环境和人文教育环境，从学生的角度出发，开设了符合学生心理预期的人文课程、讲座、论坛、社团、活动，等等。此外，努力借助校外社会实践活动的力量和帮助，全方位、多角度地锻炼学生的能力。

"悟"，即领悟。将个人思想世界的观念意识和当今社会现实，经济发展等相结合并且进行思考，理论和实践相结合以达到自身素质提升的良好效果。

"体"就是在生活和实践中体味人文精神的真谛。

"行"是一个重要的输出过程，即在"知""学""悟""体"完成的基础上，自然而然、由内向外地以自身行为表现彰显人文精神，感染身旁的人。

一个具备人文精神的当代大学生，表现出的特质是具有正确的人生观、价值观，理想信念坚定，人生规划明确；具有自尊、自信、自立、自爱的自我意识；严于律己、宽以待人；热爱集体、关心他人。新时期的大学生不能再做象牙塔中的孤独者，要放眼全球社会发展，关注人类命运，具备集体主义精神，培养强烈的社会责任感，热心公益事业，积极担任大型活动志愿者，主动帮助他人。不能因循守旧，要关心生态环境，参加环保活动，保护自然、关注生态，实现人与自然的和谐发展。如此方能勇敢面对生活中的挫折和困难，才能全面发展自我。

（二）提高大学生的实践能力

人格的形成是一个漫长的过程，先天因素只是一个前提，后天社会的影响，结合一定的时代背景和现实实践效果更为显著。大学生人格的养成同样受到社会大环境的影响，除课堂上的理论知识外，社会实践也起到重要作用。在社会实践过程中，大学生同时完成了对社会和自我的改造，树立了正确的世界观、人生观和价值观，构建了融洽的人际关系，锻炼了过硬的心理素质，充实了自己的人文精神世界。

高校管理者要大力鼓励学生参与到社会实践活动中，增长见闻，锻炼才干，积累实践经验和能力。社会是最好的课堂，当学生在实践中发现自己的思想意识与主流社会脱节时，会自觉地进行反思，主动向他人进行咨询和挑战，完成自我教育和自我提高。当前，已有为数众多的高校将社会实践纳入学分体系中，从制度上帮助大学生了解现实，充分结合理论与实际，尽快适应社会：①对社会实践基地加大建设力度，作为高校要鼓励学生参与社会实践，主动帮助联系机构，协调基地建设；②鼓励大学生结合社会热点，及时深入开展社会调查，前期要设计问卷，指定受众，安排流程，调查完成后要研究撰写调查报告，在这个过程中学生能够锻炼自己的分析、观察、独立思考和解决问题的能力；③组织学生热心参与社会公益活动，参与环境保护、义务工作、大型活动志愿者等，培养大学生热爱生活、关心他人、保护自然的良好品质，深化其主人翁意识和增强社会责任感。

在社会实践中，学生得以学习知识、锻炼能力、修炼品德，养成积极进取、开拓创新等良好品质。高校要在时代背景下，科学遵循大学生成长规律特点，满足个性要求，创新社会实践内容和方法，帮助学生更好更快地适应社会发展。

（三）提高大学生的自我教育能力

个人的自我修养对塑造人文精神具有重大影响，个人通过自我心性修养来提高人文修养，对我们今天仍然具有重大的启示作用。自我心性修养这种方式对场地和条件要求低，针对性强，结合个人实际问题不易流于形式，操作效果往往较好。

开展人文精神培养工作，是一项建设人类灵魂的重要工程。掌握人文知识只是第一步，在此基础上还要注重培养人文精神自觉意识，否则也不过是一只长了脚的书箱，并不能对人类进步和社会发展做出有益贡献。教师对学生开展人文教育，除了单纯地教授知识，更重要的是进行灵魂的交流、心灵的对话、情感的沟通。要充分理解人文精神的高等精神特质，不能想着通过理性分析获悉其中奥义，这里需要的是"思辨"而不是"推理"。所以，教师应当站在帮助个体生命成长的高度上，通过"讨论""对话""反思"等有效方法，帮助学生领悟人生的真谛，培养大学生的人文精神。

（四）增强大学生对优秀传统文化的自信

发扬我国历史悠久、传统文化丰厚的特色，指导学生挖掘和了解中华优秀传统文化，能够为我们提供源源不断的精神养分来源。纵观我国传统文化，优秀的人文思想的闪光之处不胜枚举，例如建立合理秩序、尊重自然生态、加强自我修养等。我国的优秀传统文化绝不像一些人所想的呆板枯燥，而是散发着鲜明的精神个性，例如刚正不阿的人格追求、兼济天下的道德观念、质朴率真的生命向往、怀思天下的宇宙情怀。这些凝聚了无数生命和灵魂的思想精华磨砺着古往今来不可计数的读者的心灵，指引着一代代有识之士探索人文价值和人文精神。当代大学生学习传统文化，能够陶冶性情，壮怀胸襟，乐观处世，理想远大，思虑天下。为获得良好效果，避免产生逆反心理，传播传统文化不能生推硬灌，可以对比古今社会作为切入点，结合时代背景，了解人文底蕴，提高对诗词文赋的欣赏能力，激发学生学习兴趣，由被动的、强迫的向主动的、自发的转变。

二、大学生人文精神培养的课程建设

（一）重视人文精神课程资源的开发与利用

从课程内容来看，人文主要分为文、史、哲、艺。从表现形式上可分为人文知识和人文精神。积累人文知识是培养道德感，提高责任感的前提。从人文知识中，大学生能够获得直接或间接的人生体验和感受，从而加深对自己和所处社会环境的理解。

当前需要加强的人文教育内容涵盖多个方面：首先要弘扬爱国主义教育，推广历史与民族文化教育；其次要宣讲社会主义理念，开展公民教育，推行集体主义精神，并进行价值观和道德观的教育；最后要全力提高学生的审美鉴赏水平，陶冶性情，发展文学与艺术教育。为此，应科学设置课程，开展学分评估，确保学生既能学习自然科学知识，又有机会接触并深入了解人文知识。通过这样的教育方式，彰显科学的严谨求实、理性客观特性，同时体现人文教育对生命的尊重和对文化的崇尚，使二者相互交融、相互配合，共同营造良好的校园文化氛围。这样一来，更多的大学生在校期间不仅能够增强专业技能，还能够学会自我调节心理，获得科学的辩证思维，深刻理解生活的哲理。

高校在课程设置上，应适量减少必修课，增加选修课选择空间，注重文理渗透。一方面文科生可以接触理工科的简单知识和思维方式，另一方面理工科的学生也能多多接受人文学科教育。实行教学管理时推广弹性管理，支持学生文理交叉获取学分，拓展自己的知识面。现代高校教育不但要传播科学文化知识，还要满足人的精神追求。有效的人文课程，不能简单地在现有框架下直接加入课程内容，而是要充分整合科学和人文，将人文精神尽可能多地渗透在教育内容中，取得最佳效果。

（二）专业课程增加人文精神的内容

人文教育的价值体现在其对精神的重要作用上，可以说人文精神无处不在。因此，不能把人文精神培养的责任全部推给专业文化素质教育基地独立进行，也不应该把全部的学习压力投放在人文学科的学习上。应该把人文精神教育渗透到学习和生活中的方方面面，深入到每一个学科中，其中也包括学生的专业教育。

大学本科的四年时光中，专业课程的学习贯穿始终，课程时间占总课程时间比较多，学生投入其中的时间和精力也最多，从这之中渗透汲取人文知识能够达到事半功倍的效果。每一门具体课程在传授知识的同时，都要完成自身在人文教育中应当完成的重要职责，帮助学生乐于学习，勇于探索，尊重事实，独立思考，不偏听，不盲从轻信，既敢于坚持，又勇于虚心接受各种质疑，这是极为难能可贵的科学态度和科学精神。教师本身除了具备专业能力外，人文精神也要过硬，不仅自己具备，还要有意识地进行文理渗透，引导学生在理性科学问题上不独立于世，而是搁置在整个社会系统中开展综合思考，对其在政治、经济、社会、生态、文化乃至心理等各方面起到的作用进行深入探讨。培养社会需要的创新人才，不仅要具备感悟能力，还应该拥有强大的形象思维能力。

第一，激发当代大学生对知识的渴求。课堂教学是否成功，关键在于是否能够点燃学生的兴奋点，使他们自觉寻觅汲取相关知识，这远比教授一些具体知识点重要许多。要让学生爱上课，首先要做到充实课程内容。只有教师预先储备大量知识，熟悉事情的来龙去脉，明确对人类社会的功用和影响，才能综合考虑、理性地制定好教学内容。从一个概念、原理、规律或与众不同的研究方法入手，按图索骥挖掘背后的知识和背景，使学生内心感受到隐藏在科学知识背后的感人至深的科学精神，尊重知识，认真做人，主动为人类发展服务。更重要的是，学生要明白学无止境的道理，尚有许多亟待解决的问题等着他们研究化解。教师要激发学生动力，引起思考，培养兴趣，完善心态，促进学生人文精神的养成。

第二，引导当代大学生建立高尚的科学道德。具备科学道德主要体现在两个方面——真实客观的科学态度和面对科技成果的严谨务实。以事实为基础，以现实为导向，拒绝弄虚作假，勇敢追求真理，发现错误及时承认并改正，不惜为追求真理而奋斗终生。要培养这种可贵的科学品质，不能将希望全部寄托在学生自身的天性和努力上。教师要做好榜样来鼓舞学生，科学教学也可以生动有趣，历史上的科学家怎么发现的自然奥秘，观察到自然现象联系到哪些问题，使用了哪些办法来进行尝试，是否遇到一些困难等，都可以激励起学生的自信心，点燃其投身科学的激情，养成高尚的科学道德。一旦发现学生行为有不妥之处，要严厉及时纠正，在问题发生的初期及时制止，强调学术上的正风、正气，能及时使学生走上正确的道路，避免走上歪路。

第三，进行正确的思维方法训练。教师在授课过程中运用成功的科学思维方法，能够对学生起到启迪的作用，但单纯的讲解输入并不能帮助学生深入掌握正确的科学思维方法，还需要借助学生自主实践体会。在这个过程中，教师应该起到的作用是在旁指导，及时发现错误并纠正，但不能过度插手从而影响学生的体会和对自己思维的锻炼。以科学史为借鉴，可以提炼总结科学的思维方法。因此，高校和教师在培养正确的思维方法方面任重而道远。

第四，运用平等讨论的教学方式。气氛融洽、关系友好的师生关系，需要平等讨论的教学方式。高校师生之间应该互相尊重，教师是教学活动的发出者和参与者，但不是决定者。课堂的主动权应该把握在学生手中，教师和学生在课堂上一同重新"发现"科学真理，一起体会学习的乐趣。有效的教学不会是照本宣科的"一言堂"，学生应该有机会提出疑问，发表观点，勇敢辩论，认识到自己想法中不成熟的地方要勇于接受和进行完善，对正确的部分要大胆坚持。这个过程本身就是一个人文精神培养的过程，学生发自内心地感受并学到坚持真理的重要性，也不畏惧修正错误、实事求是，具备了科学精神，也加强了自身人文素养的培养。

三、大学生人文精神培养的模式环境

在新的时期，全面强化大学生人文精神培育，是对社会发展的高度负责，也是对社会提出的培养健全人格、综合素质、和谐发展的全面型人才的最好配合。

（一）完善高校人才培养模式

为满足新世纪对高素质、复合型技能人才的需求，高校的培养思路和模式必须作出适当调整，实现学生知识、素质和能力的综合协调发展，并大力鼓励其创新。新的本科生人才培养模式可以总结为"宽口径、大门类"。学生有机会在毕业后自主选择未来发展道路，并凭借在校期间获得的专业知识、熟练技能、人文素质、健康人格和优秀综合实力在社会竞争中显示强劲实力。培养重点是德、智、体、美、劳全面发展；心理、知识、能力、素质综合进步；专业素质过硬，人文素养深厚，道德品格高尚，科学创新能力和动手实践能力为强项。培养模式是学生为主体，教师为主导。在本科教育阶段学生应当将自身培养为通才，不是被动接受知识，而是主动查找自身的不足，弥补自己的盲点。培养目标是：深厚专业知识，娴熟应用能力，具有过硬的人文素质以及优秀科研本领和创新思维能力。最后，高校在教育教学整体过程中应当注意发掘不同学科间的内在联系，及时总结和整合，实现综合发展。

（二）完善高校的人文环境

第一，重视基础环境建设，着力体现高校人文素质和人文特色。高校的校园环境建设应该视作教育活动的一部分，学生每天在标志性建筑物中学习，在人文环境中生活，在自然风景中徜徉，不仅放松了身心，还提高了审美鉴赏能力，同时感受到世界的美好，发现人文精神的启迪，提高了自身的综合修养。这从世界各国知名学府往往都在校园基础建设中彰显自身特殊的文化气质和人文色彩中可以得到验证。所以，高校管理者要将目光放得更加长远，不局限于课堂和书本，要在广大的天地间、新颖的活动中锻炼和培养学生，学生无时无刻不受到人文精神的感染，对大学生起到良好的启迪和教育作用。

第二，构建彰显高校风格的大学精神。在当今时代，每一所大学都致力于精心打造并充分展示其独特的大学精神，这不仅有助于社会和外界深入了解和认识该大学的核心特点与价值追求，同时也为人文精神的有效培育奠定了坚实的基础并进行了必要的累积。诚然，尽管所有大学在诸多方面确实存在着共通之处，例如它们都普遍追求民主、科学、进步、人文以及创新等核心价值理念，但每所大学所秉持的大学精神仍然具有其独特性和不可复制性。因此，将各具特色的大学精神有机地融入大学生人文精神的培养过程之中，不仅有助于使学生在潜移默化中形成深厚的人文精神底蕴，还能够进一步促进他们具备良好的人文素质，为他们未来的全面发展奠定坚实的基础。

（三）营造良好的家庭人文环境

家庭对一个人带来的影响往往会伴随一生，和谐幸福的家庭氛围，民主平等的交流模式，都能够使子女健康成长，养成积极乐观的思想观念和思维模式。在下一代的成长过程中，父母不仅要关心其身体是否健康，有无学习知识，增加技能，更要大力培育人文精神，关注人格发展。如果家庭足够温暖，成员之间气氛融洽和谐，学生在受到挫折、遇到困难时就会主动和父母沟通情况，寻求帮助，祈求安慰，不会走入思想的歧途。同时，家长身上的闪光点，例如善良、勤奋、勇敢、谦虚等优良品质，能够潜移默化传导到子女的身上，并在子女的一举一动中显示出来。这样的子女更受人欢迎，日后发展遇到的困难也更少。所以，父母如果能建立安宁、融洽、富有人文气息的家庭环境，就更容易塑造学生较好的人文精神，使学生为和谐社会不断发展而服务。

家庭是社会的基本单元，是人生的第一所高校。无论外界发生怎样的变化，家庭建设的重要性都不能被忽视。要用一个个小家的和谐美满，确保社会、国家整体的安定团结。家教良好、家风安定、亲情和睦的家庭，才可能塑造具备健康人格的个体，才能够承担应尽的社会责任。

四、大学生人文精神培养的保障体系

完善大学生人文精神培养机制，应该综合内外因素，既塑造有利于高校人文精神培养的大环境，又加强对教师的培养，逐渐摸索发展新的培养机制。

（一）加强制度建设，完善高校管理

培养大学生人文精神，首要任务是深入研究并实施各类学生管理的准则与条例，从规章制度的层面为确保学生管理的有效性和规范性提供坚实的保障。针对当前大学生人文精神有所缺失的现状，高校应当积极建立和完善相关的规范制度，例如制定大学生日常行为规范、男女学生宿舍管理规定等，以此来明确指导并规范学生的行为举止。然而，在此过程中，必须清醒地意识到，制度的制定与执行必须尽可能地体现人性化因素，充分

考虑到在校大学生的身心发展规律与特点，要能够有效规范学生的不良行为，避免他们误入歧途。因此，我们需要在严格的制度标准下，灵活体现活的思想，充分展现柔性管理的色彩，使高校的管理工作能够有条不紊地开展，进而有效提升大学生的思想意识，培养他们的道德素质，为他们的全面发展奠定坚实的基础。

（二）营造管理育人氛围

大高校园中，高校对大学生的管理应该采用一种科学、民主的管理方式，高校可以通过体现这些特质的管理方法对学生开展潜移默化的教育，成功营造一种宽松的、和谐的管理气氛，学生虽然在接受管理，但仍能够感受到应有的平等和自由。管理工作中要体现管理人员对学生的爱护和关怀，彰显人文因素。管理者理解、尊重学生，学生也依赖、信任管理者；管理者要发自内心关心、爱护学生，学生也受到真情感染乐于交流和接受。此外，管理者还应该在某些情况下暂时忘记自己的身份，深入学生群体中间，与他们开展心和心的沟通，平心静气地倾听他们的声音，了解他们的心理，获悉他们的诉求，接受他们提出的合理化建议。通过这些做法彼此之间加深相互理解，敞开心扉交流心声。当学生真正从心里接受管理者，感受到理解、爱护和尊重时，也能够更好地回报以信任和真情，尽力满足管理者提出的要求和期待。要建立和谐融洽的管理环境，管理者的自身人格魅力和表达方式至关重要，能够帮助学生自发培养人文素质。

（三）充分发挥基层党团组织的育人作用

1. 基层党团组织

基层党团要组织全体人员开展思想政治教育活动，指引他们树立高尚的理想与信念，培育他们爱国主义自尊心和自信心，帮助他们抵制各类错误思想的侵袭。基层党团组织的成员数量大、范围广，囊括大学生群体的一大部分。这些大学生学习了正确的政治思想后，能够发挥自身榜样作用，传播给周围其他同学，扩大思政教育的辐射面和影响力。

管理人员应该全面发挥学生党员干部的重要作用，将学生干部、党员作为纽带将管理者和学生连接在一起，达到学生自我管理的良好效果。教师应当大力调动学生党员干部参与学生管理的工作积极性，鼓励其为高校和学生的发展献策献力。学生党员干部是一个特殊群体，他们是普通学生中的一员，学生也乐于和他们沟通交流，因此他们能够敏感察觉到学生的思想动态。

党员学生干部作为学生中的先进思想者，更容易理解高校和管理者建立的规章制度的初衷，有较多的和教师交流的机会，因此开展思想政治工作也就更加生动活泼、平易近人。高校管理人员要加强对党员学生干部的要求标准，做到高标准严要求，通过党组织的章程和高校制定的学生干部的准则来指引他们的思想动态和日常行为，帮助他们迅速成长，以身作则，对普通学生群众起到表率和模范作用，用榜样的力量去感染、同化身边的人，共同实现人文素养的大幅度提高。新世纪，迅猛发展的科技和政治等因素使得高等教育面对更多风险和挑战，也给高校管理者带来了更多的反思和更大的提升空间。

2. 高校共青团组织

高校共青团应当承担起培养大学生人文精神的重要职责和使命。培养大学生人文精神是高校共青团工作的重要内容和核心目标。一方面，学生通过受教育增长了知识和能力，能够更好地服务社会；另一方面，高校还承担了人文精神教育的重要使命，培养学生崇高的人文素养并增长其深厚的人文知识，高校共青团是开展这一工作的重要力量。在开展教育时，共青团应根据团员青年的身心发展规律和性格特点，丰富文体活动形式，在活动中强化精神文明水平，中心就是培养大学生的人文精神。高校共青团工作的重要理念应该是"以人为本"，处处体现着"以学生为根本"的重要思想。教育的最高目标和最终目的是一切为了学生，将学生的一切作为重点考虑，让所有的学生都能自由全面发展。高校校园指的不仅是地缘意义上的校园，还是学生的精神家园，建成这样的家园需要一定的举措和方法。而高校共青团工作就提供了这样的方式方法。

大学生乐于接受新鲜事物，共青团工作者应充分利用这一性格特点，创新校园文化活动，将知识性与趣味性融入课外活动之中。可以通过举办人文讲座、组建人文社团、参与读书会阅读人文书籍等活动，结合具有奖励性质的表演、比赛、征文、学习报告等实践，激励学生自主学习人文知识，以实现人文精神的教育目标。高校学生团干部队伍应具备坚定的理想信念和崇高的道德情操，同时拥有良好的身心素质。他们应及时有效地开展素质拓展训练和社会实践活动，以锻炼学生的身心素质。此外，还需具备业务素质，拥有开拓精神，富有创新意识，具有实践能力，善于总结经验教训，可以持续改进工作方法，综合提升自身的业务素质和能力水平。

（四）提高教师人文素养

作为人类灵魂的工程师，教师这个行业对国家的未来发展起到极其重要的作用，承担着十分神圣的使命。欲传道必先悟道、明道、信道。高校教师本身首先是要受过高等教育的人，而且要开展终身学习和保持先进思想，传播先进文化，坚持党的领导，听从党的指挥，将指路灯塔的角色扮演得更深入到位，切实指导学生健康快乐成长。教师要重师德、树师风，教知识更教做人，不只言传更重身教，既钻研学术又关心时事，崇尚学术自由但严守学术规范，做到以德立身、以德治学、以德施教。

1.转变观念

深入持久地推行人文教育，最先要发生转变的就是教师的教育理念。如果教师的人生观、价值观变得物质化、功利化，必将表现在对学生的教育活动中，功利化主要考虑如何迎合社会经济发展的需求，培养学生的科学知识与技能，对学生全面素质综合发展的重要性认识不到位，人文教育的重要地位也难以得到保证。因此，教师观念的转变，主要是抛弃功利化教育理念，尊重人的和谐全面发展，并承认其为教育的最高目标。高校要站在完成人的终极关怀和自由全面发展的高度来重新定位人文教育，乐于从事人文教育，将培养学生的人文精神作为自己的奋斗目标。

2.加强人文知识的学习

大学教师一般专业知识深厚，技能熟练，对所属专业领域研究透彻，工作深入，花费大量时间精力开展科研活动，但很少抽出时间开展人文知识学习。从实用性来讲，人文知识涵养能够帮助高校教师更好理解学术名著，把握发展趋势，拓展研究范围，完成报告论文，对个人的发展也大有裨益。掌握了足够的人文知识后，才能在自己的教学工作中潜移默化地向学生传导人文精神。

加强阅读是人文知识学习的首要步骤。广泛阅读人文书籍能够帮助教师积累丰富的人文知识，结合自身经历对人生、社会、世界进行深入思考，提升审美情趣，并追求真正的人生价值。只要真正投入阅读并有所收获，教师自然会对人文知识产生更浓厚的兴趣，主动汲取人文精神的精髓。此外，还有一条捷径，即从自身的专业领域出发，寻找那些文学功底深厚的行业专家编写的著作，体会科学与人文如何紧密结合，实现"1+1 > 2"的效果。同时，要主动与具备丰富人文素养的专家近距离接触，学习他们身上的闪光点，以提升自身的人文素质。

3. 提升自身的人格魅力

教师所展现的自尊、自信、自爱、自强的可贵品格，他们坚持真理的科学态度，关注时代发展的创新精神，乐于助人的善良天性，渊博的人文知识，以及有效的沟通模式等优良品质，都会对学生产生远超教学内容本身的影响。当大学生面临迷茫或困境时，他们会不自觉地观察身边人的行为举止。作为教师这一权威角色，其言谈举止对学生品格的塑造具有至关重要的作用。一位知识渊博、品德高尚的教师能够影响学生的一生，帮助他们明确自己的努力方向，进而影响更多身边的人，最终有助于良好社会氛围的形成。因此，作为高校教师，应当不断学习、追求终身学习，以培养独立健康的人格，具备卓越的人文素质。在积极进行教学活动的同时，还需注重从细节中无意识地散发出人格魅力，深刻地影响学生，实现人文素质的整体提升。

06 第六章
高校思想政治教育与人文精神培养

第一节　高校思想政治教育与人文精神培养的关系

一、高校思想政治教育与人文精神培养的相同点

（一）教育对象的同一性

思想政治教育与人文精神培养在教育对象上具有高度的同一性。二者的对象都是人以及以人为载体的人格，都主张以人为本、以人为中心。这意味着，无论是思想政治教育还是人文精神培养，它们都将人视为教育的核心，关注人的全面发展。它们都以尊重人、理解人、关心人、激励人为共同的出发点，致力于提升人的内在素质和思想道德水平。通过教育，它们旨在帮助人们更好地处理人与人之间、人与社会之间的关系，实现人与社会的和谐共生。在这一过程中，思想政治教育注重通过理论灌输、实践锻炼等方式，提高人们的政治觉悟、思想品质和道德水平，使人们能够更好地适应社会发展的要求。而人文精神培养则更侧重于通过文化传承、艺术熏陶等手段，提升人们的审美情趣、人文素养和精神境界，使人们能够在精神层面上得到丰富和提升。尽管侧重点略有不同，但二者在教育对象上的同一性使得它们能够相互补充、相互促进，共同推动人的全面发展。

（二）教育目标的契合性

除了在教育对象上的同一性外，思想政治教育与人文精神培养在教育

目标上也具有高度的契合度。它们都旨在处理好人与人之间、人与社会之间的关系，强调的是对人的内在素质和良好思想道德素质的培养。这意味着，无论是思想政治教育还是人文精神培养，它们都将培养具有高尚品德、健全人格和良好社会适应能力的人作为自己的教育目标。在这一目标的指引下，思想政治教育注重培养人们的爱国主义情怀、集体主义精神和社会责任感，使人们能够成为有理想、有道德、有文化、有纪律的社会主义新人。人文精神培养更注重提升人们的文化自觉、文化自信和人文关怀能力，使人们能够在多元化的社会环境中保持独特的文化身份和精神追求。尽管在教育目标的具体表述上略有差异，但二者在核心价值取向上是一致的，都致力于培养具有高尚品德和良好社会适应能力的人。

（三）方向的一致性

方向性问题，实质上探讨的是思想政治教育与人文精神培养同主流意识形态之间的关系。在这个层面上，可以清晰地看到，思想政治教育与人文精神培养的方向是一致的，它们都紧密地与主流意识形态相联系。

第一，人文精神具有阶级性，这意味着它是有意识形态的。在不同的社会历史背景下，人文精神所倡导的价值观念、道德准则和审美追求都深受当时统治阶级意识形态的影响。因此，人文精神的培养过程，实际上也是一个传递和强化特定意识形态的过程。

第二，思想政治教育则更是在社会中占主导地位的统治阶级所宣传和主张的主流社会意识形态的直接体现。它通过系统的理论教育和实践活动，旨在使个体形成符合主流意识形态的思想观念、政治立场和道德品质。在这个过程中，思想政治教育不仅传递着统治阶级的意识形态，还通过各种手段强化其主导地位。

因此，从方向性上来看，思想政治教育与人文精神培养是一致的。它们都服务于社会中占主导地位的统治阶级的意识形态，都致力于塑造符合主流意识形态要求的个体。当然，这并不意味着它们在教育内容、方法和手段上完全相同，而是在更宏观、更根本的方向上保持一致。这种方向的一致性，使思想政治教育与人文精神培养在实践中能够相互补充、相互促进，共同为塑造具有主流意识形态素养和人文素养的个体贡献力量。

二、高校思想政治教育与人文精神培养的不同点

人文精神和思想政治教育在内涵、范畴、着眼点以及培育方式上存在着显著的差异。这些不同点不仅反映了它们各自独特的教育目标和价值取向，也揭示了它们在高校教育中所扮演的不同角色和功能。

从内涵上来看，人文精神的内涵较为复杂且多元，它涵盖了人的价值、尊严、自由、理性、道德、情感等多个方面，是一个综合性的概念。由于人文精神的广泛性和深刻性，关于人文精神培养并没有一个统一定义，它更多的是一种理念、一种追求，旨在通过教育引导人们关注人的内心世界和精神追求，提升人的综合素养和人文精神境界。而思想政治教育则不然，作为我国精神文明建设的首要内容，以及解决我国社会矛盾和问题的主要途径之一，其内涵较为明确具体。思想政治教育主要是通过有目的、有计划、有组织的教育活动，向人们传授马克思主义理论、党的路线方针政策、社会主义核心价值观等，以培养人们的政治觉悟、思想品质和道德品质，使其能够适应社会发展的要求，成为有理想、有道德、有文化、有纪律的社会主义建设者和接班人。

思想政治教育与人文精神培养的属性与范畴也存在明显的不同。人文精神培养更多地属于教育文化范畴，它关注的是人的全面发展，强调通过文化传承、艺术熏陶、哲学思考等手段，提升人们的审美情趣、人文素养和精神境界。而思想政治教育则属于政治文化范畴，它关注的是人的政治社会化过程，强调通过政治理论教育、政治实践锻炼等方式，提高人们的政治觉悟、思想品质和道德水平，使其能够成为符合社会发展要求的政治人。这种属性与范畴的不同，决定了它们在教育目标、内容和方法上的差异。

思想政治教育与人文精神培养在着眼点上也有所不同。人文精神培养注重个性色彩，它强调尊重每个人的独特性，关注人的内心世界和精神追求，致力于培养具有独立思考能力、创新精神和人文关怀的个体。而思想政治教育则偏重群体的共性特征，它强调通过统一的思想政治教育，使人们形成共同的政治信仰、价值观念和道德规范，以维护社会的稳定和发展。这种着眼点的不同，使它们在教育过程中关注的重点和教育策略的选择上有所不同。

思想政治教育与人文精神培养的方式也是二者的重要区别之一。人文

精神培养注重隐性熏陶、自我体验以及氛围感染。它强调通过潜移默化的方式，让人们在不知不觉中接受人文精神的熏陶和感染，提升其人文素养和精神境界。这种教育方式更加注重个体的自我体验和感悟，强调个体的主动性和创造性。而思想政治教育则主要发挥显性作用，注重交流教育、正面灌输。它强调通过课堂讲授、讨论交流、实践锻炼等方式，直接向人们传授思想政治理论和价值观念，使其能够明确政治方向、坚定政治信仰、遵守道德规范。这种教育方式更加注重集体的统一性和规范性，强调集体的引导和约束。

三、高校思想政治教育与人文精神培养的互相关联

高校思想政治教育为人文精神培养提供了正确的价值导向。思想政治教育作为高校教育的重要组成部分，其核心在于引导学生树立正确的世界观、人生观和价值观。这一过程中，学生不仅学习了政治理论，更在潜移默化中接受了关于人的尊严、价值、自由等人文精神的核心观念。因此，思想政治教育为人文精神的培养奠定了坚实的思想基础，确保了人文精神的培养不会偏离正确的方向。

人文精神培养为高校思想政治教育增添了丰富的文化内涵。人文精神强调人的全面发展，关注人的内心世界和精神追求。在高校教育中，通过文化传承、艺术熏陶、哲学思考等手段，学生的人文素养和精神境界可以得到不断提升。这种人文素养的提升，使学生在接受思想政治教育时，能够更加深入地理解其内涵，更加自觉地践行其要求，从而增强了思想政治教育的实效性和吸引力。

高校思想政治教育与人文精神培养在教育实践中相互渗透、相互促进。一方面，思想政治教育注重理论灌输和实践锻炼，旨在提高学生的政治觉悟和道德品质。这一过程中，通过引导学生参与社会实践、志愿服务等活动，不仅锻炼了学生的思想政治素质，还培养了其人文关怀和社会责任感。另一方面，人文精神培养注重隐性熏陶和自我体验，通过营造良好的校园文化氛围，使学生在潜移默化中接受人文精神的熏陶。这种氛围的营造，也为思想政治教育的开展提供了更加有利的环境。

第二节 高校思想政治教育中加强人文精神培养的途径

一、高校思想政治教育中确立人文教育的理念

（一）积极贯彻以人为本的观念

在高校思想政治教育的广阔舞台上，积极贯彻以人为本的观念，不仅是教育理念的创新与升华，更是教育实践的深刻变革与人文精神的深度滋养。以人为本，简而言之，就是将学生作为教育活动的核心与主体，尊重其个性发展，关注其全面成长，致力于培养具有深厚人文精神的知识分子。这一理念的实施，不仅要求教师在内容上注重人文知识的传授与人文精神的熏陶，更要求教师在方法上实现由传统灌输向引导启发、由单一向多元、由封闭向开放的转变，构建一个以学生为中心，促进其全面发展的人文教育生态系统。

具体而言，积极贯彻以人为本的观念，意味着高校思想政治理论教育需从以下方面进行深度探索与实践：

第一，个性化教育的实施。教师应认识到每个学生的独特性，通过小班化教学、个性化辅导、定制化学习计划等方式，满足不同学生的学习需求和发展愿望，鼓励其个性与潜能的充分展现。

第二，情感关怀与心理支持。高校应建立全面的学生关怀体系，包括心理健康教育、生涯规划指导、困难帮扶机制等，确保学生在遇到挑战时能够得到及时的情感慰藉与专业指导，营造温馨包容的学习氛围。

第三，实践与体验并重。教师应强化理论与实践的结合，鼓励学生参与社会实践、志愿服务、科研创新等活动，通过亲身体验加深对理论知识的理解，同时培养解决实际问题的能力和社会责任感。

第四，跨学科融合教学。高校要打破学科壁垒，促进人文社科与自然科学的交叉融合，开设跨学科课程，例如"科技伦理""艺术与科学"等，拓宽学生视野，培养其综合思维与创新能力。

第五，民主与对话的教学环境。高校要倡导师生间的平等对话与互动

交流，鼓励批判性思维，允许学生就课程内容、社会现象等质疑与见解，共同探索真理，培养具有独立精神和自由思想的现代公民。

高校思想政治教育中贯彻以人为本的理念，不仅是对高等教育发展规律的深刻遵循，更是对时代精神的积极响应。在21世纪这个全球化、信息化快速发展的时代，面对复杂多变的社会环境和与日益增长的个体需求，高校作为知识创新与文化传播的前沿阵地，其教育理念的更新与实践探索显得尤为重要。以人为本，不仅是对传统教育模式的超越，更是对未来教育图景的展望。它要求高校在追求学术卓越的同时，更加注重人的全面发展，致力于培养既有深厚专业知识，又具备高尚道德情操、强烈社会责任感和创新能力的复合型人才。

（二）帮助学生确立正确的人生观与价值观

在高等教育的广阔舞台上，培养学生的人文精神是一项系统工程，其中，帮助学生确立正确的人生观与价值观是这一工程的关键环节。人生观与价值观，作为个体对社会存在的深刻反映，不仅塑造着学生的精神世界，还引导着他们的行为选择与生活态度。因此，深入探讨人生观、价值观以及它们与人文教育的关系，对于高校思想政治教育具有重要意义。

人生观是个体对于人生目的、意义和价值的根本看法和态度。它涉及个体对生命、幸福、道德、责任等核心问题的理解和追求。正确的人生观能够引导学生明确生活目标，激发积极向上的生活态度，形成健康的人生追求。在高校思想政治教育中，通过人文教育的渗透，可以帮助学生深入思考人生的真谛，理解生命的价值，树立起积极向上、有意义的人生观。

价值观是个体对于事物价值的根本看法和态度。它影响着个体的行为选择、道德判断和生活方式。正确的价值观能够使学生具备明辨是非、善恶、美丑的能力，形成正确的道德观念和价值取向。在高校思想政治教育中，通过人文教育的熏陶，可以引导学生树立正确的价值观，使他们能够在复杂多变的社会环境中坚守道德底线，追求真善美的境界。

人文教育作为一种关注人类精神文化、强调人的全面发展的教育理念，与人生观、价值观的培养密切相关。人文教育通过传授人文知识、培养人文精神和提高人文素养，能够帮助学生更好地认识自我、理解他人和社会，形成正确的人生观和价值观。在高校思想政治教育中，人文教育不仅应该成为课程内容的一部分，更应该贯穿整个教育过程之中，通过教师的言传身教、校园文化的熏陶以及社会实践的体验等多种方式，潜移默化地影响着学生的人生观和价值观。

高校在思想政治教育过程中，必须将核心价值观的培育与人文精神的培养紧密结合，以期在学生的心灵深处播下真善美的种子。具体而言，高校在助力学生树立正确的人生观与价值观方面，应着重从以下方面进行深耕细作：

第一，坚持以马克思主义作为指导思想的基石。马克思主义不仅为我们提供了认识世界、改造世界的强大思想武器，也是指导我们形成科学人生观与价值观的理论源泉。高校应通过系统的理论教学与实践活动，使学生深刻理解马克思主义的基本原理及其在中国的应用与发展，帮助他们建立起基于历史唯物主义和辩证唯物主义的人生观与价值观框架。

第二，将中国特色社会主义共同理想作为核心内容融入教育全过程。这一共同理想，是全体中国人民对美好未来的共同追求。它蕴含着对国家富强、民族振兴、人民幸福的深切期望。高校应通过丰富多样的教育形式，例如专题讲座、研讨会、社会实践等，让学生深刻体会到个人成长与国家发展之间的紧密联系，激发他们的爱国情怀与责任感，引导他们将个人理想融入国家和民族的伟大复兴之中。

第三，弘扬以爱国主义为核心的民族精神，作为思想政治教育的主旋律。爱国主义是中华民族的精神支柱，是推动国家发展、维护民族团结的强大动力。高校应通过历史教育、文化教育、英雄模范事迹宣传等多种方式，深化学生对爱国主义内涵的理解与认同，激发他们的民族自豪感与使命感，培养他们成为具有深厚爱国情怀与时代责任感的新时代青年。

（三）培养学生的主体意识和自由意识

在高等教育的广阔领域中，确立人文教育的理念，不仅关乎学生个体精神世界的塑造，更关乎整个社会的文化进步与文明传承。在这一宏大背景下，重点培养学生的主体意识和自由意识，成为高校思想政治理论教育不可或缺的一环。我们应当理性、谨慎地对待学生主体性在教育中的作用，同时深刻认识到自由意识，包括思想自由与学术自由，对于培养学生创新精神与独立人格的重要性。

主体意识是指个体作为认识和实践活动的主体，对于自身的主体地位、主体能力和主体价值的一种自觉意识。培养学生的主体意识，首要策略是尊重学生的个性差异，激发他们的内在潜能，这要求教师转变传统的教学观念，从灌输式转向启发式、讨论式等更加灵活多样的教学方法。在课堂上，教师应鼓励学生积极发言，参与讨论，表达自己的观点和见解，增强其主体意识和自我认知。同时，高校还应提供丰富多样的课外活动和社会实践机会，让学生在实践中锻炼自己的主体能力，例如团队协作能力、问题解决能力等，进而增强他们的自信心和责任感。

自由意识是个体在思想和学术领域追求真理、探索未知的一种精神状态。思想自由意味着个体能够不受外界干扰独立思考，形成自己的见解和判断；学术自由是指学者在学术研究过程中享有充分的自主权，能够自由地选择研究课题、方法和结论。在培养自由意识方面，高校应致力于营造一个宽松、开放、包容的学习氛围，鼓励学生敢于质疑、勇于创新，即使他们的观点或尝试存在错误或不足，教师自身也应具备开放的心态和包容的胸怀，能够容忍学生的不同观点和尝试，并引导他们在探索和实践中不断成长。为实现这一目标，高校可以邀请不同领域的学者举办讲座，拓宽学生的视野；设立创新实验室或研究小组，为学生提供自由探索的空间；鼓励师生之间的学术交流和思想碰撞。

在实施这些培养策略的过程中，高校还应关注学生的反馈和需求，及时调整和优化策略。例如，可以通过定期的学生调查、座谈会等方式收集学生的意见和建议，以了解他们在主体意识和自由意识培养方面的需求和困扰。同时，高校还应加强与社会的联系和合作，为学生提供更多实践机会和社会资源支持。

培养学生的主体意识和自由意识，对于高校思想政治理论教育具有深远的意义，有助于提升学生的综合素质和创新能力。一个具备主体意识和自由意识的学生，会更加注重自我发展和自我实现，更加敢于挑战权威和传统，在学习和生活中表现出更强的创新精神和实践能力。培养学生的主体意识和自由意识还有助于推动高校思想政治理论教育的改革和创新。传统的灌输式教学模式已经无法满足新时代学生的需求，培养学生的主体意识和自由意识要求教师转变教学理念和方法，更加注重学生的主体性和创造性，推动高校思想政治理论教育的不断发展和创新。一个具备主体意识和自由意识的学生，会更加注重个人价值和社会责任的统一，更加积极地参与社会文化的创造和传播，为社会的文化进步和文明传承贡献自己的力量。

（四）培养学生的科学精神和创新精神

科学精神作为人类探索自然与社会规律的重要指南，其核心在于坚持以科学的态度看待问题、评价问题，它要求个体在面对未知和挑战时，能够保持理性、客观和实证的思维方式。创新精神是对各种价值观念、思想观念、行为准则的勇于创新与突破，它具有鲜明的动能性和导向性，是推动社会进步和文明发展的重要动力。在高校思想政治理论教育的广阔舞台上，培养学生的科学精神和创新精神，不只是教育改革的核心，更是培养学生全面发展、适应未来社会挑战的关键所在。

要有效培养学生的科学精神和创新精神，面临的首要任务便是全面且深入地激发大学生的内在潜能，这是他们未来在科学探索与创新实践道路上不断前行的关键动力。为了达成这一目标，可以从以下方面着手，采取一系列策略和方法：

第一，实施良性暗示策略是至关重要的。这意味着我们需要通过正面的鼓励和引导，积极帮助学生树立对科学探索和创新实践的坚定信心。这种鼓励不只是对学生成果的简单肯定，更包括对他们探索过程中展现出的好奇心、求知欲以及初步尝试的赞赏，以此激励他们不断追求更高的科学和创新目标。

第二，营造一个充满幽默、具有轻松氛围的学习环境同样重要。在这样的环境中，学生能够更加放松，敢于质疑传统观念，勇于尝试新的思路和方法。幽默不仅能够缓解学习压力，还能激发学生的创新思维，让他们在轻松愉快的氛围中不断探索和发现新的科学真理和创新点。

第三，适度制造困境和挑战也是培养学生科学精神和创新精神的有效手段。通过设置合理的难题和挑战，可以锻炼学生的问题解决能力，提高他们在逆境中的应对能力。这种经历不仅能够帮助他们学会如何在困境中寻找机遇，还能培养他们坚韧不拔、勇于探索的科学精神。

第四，成果激励是不可或缺的一环。当学生在科学探索和创新实践中取得成果时，我们应该及时给予肯定和表彰。这种正向的激励不仅能够增强学生的成就感和自豪感，还能进一步激发他们的进取心和探索欲。通过设立奖项、举办成果展示会等方式，可以让学生感受到自己的努力和付出得到了认可，从而更加坚定地走在科学和创新的道路上。

科学精神和创新精神的培养并非局限于校园之内，投身社会实践同样是不可或缺的环节。社会实践是检验科学理论和创新理念的试金石，它为学生提供了将所学知识应用于实际和解决实际问题的宝贵机会。通过参与社会实践，学生可以更加直观地感受到科学探索和创新实践的价值与意义，进一步坚定其科学信仰和创新追求。因此，高校应鼓励学生积极参与各类社会实践活动，例如科研项目、社会调查、志愿服务等，让学生在实践中锤炼科学精神，培养创新精神。

在具体实施过程中，高校还应注重构建科学合理的课程体系和教学方法，以更好地培养学生的科学精神和创新精神。一方面，高校应开设更多具有科学性、创新性的课程，例如跨学科课程、创新创业课程等，为学生提供更广阔的知识视野和创新平台；另一方面，高校还应积极采用启发式、讨论式等教学方法，鼓励学生在课堂上积极发言、自由讨论，培养其独立思考和批判性思维的能力。

此外，高校还应注重营造良好的校园文化氛围，以潜移默化地影响学生的科学精神和创新精神。例如，高校可以定期举办科学讲座、创新论坛等活动，邀请知名科学家、创新企业家等分享他们的科学探索和创新实践经验；高校可以设立创新实验室、科研工作室等场所，为学生提供自由探索、创新实践的空间和条件。

二、深化素质教育，重视人文学科体系的建设

（一）加强人文知识的教育与普及

在当今社会快速发展的背景下，高校作为知识传授与价值观塑造的重要阵地，其思想政治教育不仅承载着传承历史文化的使命，更肩负着培养学生人文精神、提升其人文素养的重任。因此，加强人文知识的教育与普及，成为高校思想政治教育中不可或缺的一环。这一目标的实现，需通过多维度的途径和策略，构建一个全面、深入的人文素养培育体系。

1. 重视人文教育的课堂教学过程：奠定坚实的人文知识基础

课堂教学作为高校教育的主渠道，是人文知识传授与人文精神培养的首

要环节。因此，必须高度重视人文教育的课堂教学过程，通过优化课程设置、丰富教学内容、创新教学方法等手段，为学生奠定坚实的人文知识基础。

在课程设置上，高校应增设更多涵盖文学、历史、哲学、艺术等领域的人文课程，确保学生能够接触到丰富多元的人文知识。同时，这些课程应注重跨学科性，打破传统学科壁垒，促进不同人文领域之间的交流与融合，以培养学生综合的人文素养。

在教学内容上，教师应注重选取具有代表性、经典性的人文作品和案例，进行深入剖析和讲解，帮助学生理解其背后的历史文化背景、思想内涵和价值观念。同时，还应结合时代发展和社会现实，引入当代人文议题和热点问题，引导学生进行思考和探讨，培养其批判性思维和创新能力。

2. 定期开展人文知识讲座：拓宽学生的人文视野和思维深度

除了课堂教学外，高校还应定期开展人文知识讲座作为课堂教学的补充和延伸。这些讲座可以邀请校内外知名专家学者、文化名人等担任主讲人，围绕特定的人文主题或热点问题进行深入阐述和探讨。

通过定期举办人文知识讲座，高校可以为学生提供一个更加广阔、多元的学习平台，使学生有机会接触到不同学术背景、研究领域和思想观念的专家学者，拓宽其人文视野和思维深度。同时，讲座中的互动环节和问答环节也可以激发学生的思考热情和创新精神，培养其问题意识和探究能力。

在讲座的主题选择上，高校应注重多样性和前沿性，既可以选择传统的人文领域和经典议题进行深入探讨，又可以结合时代发展和社会变迁引入新的研究视角和思考方向。例如，可以围绕"全球化背景下的文化多样性与交融""数字时代的人文关怀与伦理挑战"等主题展开讲座，引导学生关注当代社会的人文议题并思考其背后的深层次原因和其可能带来的影响。

（二）调整课程设置和专业结构，支持人文学科体系的建设

在高校思想政治教育体系中，加强人文精神的培养不仅关乎学生个体素养的全面提升，还关乎整个社会文化软实力的增强。因此，高校应当充分意识到人文学科的教育价值，不仅将其视为知识的传授途径，更应看作

塑造人文精神、价值观念和社会责任感的平台。为此，高校需采取积极措施，通过调整课程设置和专业结构，来全面支持人文学科体系的建设。

具体措施上，高校应加大对人文学科的经费投入，特别是在图书、设备等硬件设施方面，确保人文学科的教学与研究能够拥有充足的资源支持。同时，优化资源配置也是关键一环，高校需要合理配置教学资源，确保人文学科能够获得与其教育价值相匹配的资源和支持。

在课程设置上，高校应增设更多涵盖广泛人文领域的基础课程，例如文学、历史、哲学、艺术等，为学生提供全面的人文知识教育。此外，还应鼓励跨学科课程的开发，打破传统学科界限，促进人文学科与其他学科之间的交叉融合，培养具有宽广视野和综合素养的人才。

（三）将人文精神贯穿专业课的教学中

人文精神的培养，并非只是通过对现有人文学科的简单相加合并即可达成，而是一个更为复杂且深远的过程。它要求我们将人文学科的精神内涵和价值观念有机地融入自然学科以及其他所有学科的教学之中，形成一种跨学科的、综合性的教育理念和实践模式。这一目标的实现，需要我们在专业课的教学中，深入挖掘和彰显人文精神，使其成为所有学科教学中的一个核心要素。

第一，将人文精神贯穿专业课的教学中，意味着要在教学内容上实现人文学科与自然学科的深度融合。这不仅是在人文学科的课程中强调人文精神，而且要在自然学科的课程中挖掘和呈现其中蕴含的人文精神。例如，在物理学的教学中，探讨物理学的发展对人类文明的影响，以及在物理学研究中科学家们所体现出的探索精神和人文关怀。通过这样的教学方式，学生可以更加全面地理解所学学科，也可以更好地领悟和体验人文精神。

第二，将人文精神贯穿专业课的教学中，还要求在教学方法上进行创新。传统的教学方法往往注重知识的灌输和技能的训练，而忽视了对学生人文素养的培养。因此，需要探索和实施更加灵活多样的教学方法，例如问题导向学习、案例分析、小组讨论等。这些方法可以更加有效地引导学生思考和理解人文精神在所学学科中的体现和作用。通过这些教学方法的应用，学生可以更加主动地参与到学习过程中，同时也能够在实践中不断提升自己的人文素养。

第三，将人文精神贯穿专业课的教学中，还需要在教学评价上进行改革。传统的教学评价往往以知识的掌握程度和技能的熟练程度为主要标准，而忽视了对学生人文素养的评价。因此，要建立更加全面、多元的教学评价体系，需要将人文素养作为评价学生综合素质的重要指标之一。通过这样的教学评价改革，可以更加准确地了解学生在人文素养方面的成长和进步，同时也能够更加有效地引导和激励学生在学习中不断追求人文精神的提升。

（四）科学选择教学内容，改革教学方法

教师对教学内容不能教材写什么就讲什么，没有提到的内容就丝毫不提，要对教学内容进行科学筛选，挑选出学生需要的内容进行讲解，尊重学生的主体地位。要培养大学生的人文精神，首先，高校的思想政治教育推行者要从自身做起，竭尽所能，了解学生的学习需求，自主开发教学内容中的人文因素，开展思想政治教学的革新。作为教师，应该主动发掘这些人文精神培养点，带领学生从细节入手培养正确的价值观，以之为个人行为准则，完成自身人文精神水平的提升。

思想政治教育活动中，人的接受感化远远比知识的吸收更加重要，其主要目的是改造人的精神世界，塑造人的思想和观念，加强道德修养，强化政治意识。人先天具有统一性，当然也有差异性，面对性格、阅历、基础存在较大区别的学生群体，"一刀切"的教学行为显然不够合理。应该结合学生的实际情况，通过思想政治教学解决学生个体的实际问题，使其感受到学习课程的切合性和实用性。例如，对于拜金主义者，白手起家、管理有方等科学消费观的事例可以规范学生的消费观念和行为。一些学生社会责任感淡薄，通过选取身边具有社会责任感、先进个人真实的事例来感化学生。做到因材施教，个性匹配。高校思政理论课的重要性体现在对大学生的思想教育上，也体现在提高大学生的人文精神水平上。高校教师对思政课蕴含的人文教育潜力要大力挖掘，创新思政理论课教学模式，逐渐对大学生开展人文素质培养，再造大学生的人文精神，鼓励学生向往真善美。培养这样的人才不单是我国高等教育体制改革的前进方向，更是高校思政理论课增强教学实效性、摆脱现存困境的努力目标。

（五）重视高校德育工作，强化传统道德教育的感化作用

在高校思想政治教育里，德育工作始终占据着举足轻重的地位，它不仅是塑造学生健全人格、培养其良好道德品质的关键环节，更是加强人文精神培养、弘扬中华优秀传统文化的重要途径。因此，我们必须高度重视高校的德育工作，尤其要强化传统道德教育的感化作用，以此为基石，构筑起人文精神培育的坚固体系。

传统道德教育，作为中华民族文化瑰宝的重要组成部分，蕴含着丰富的人文精神和深厚的道德底蕴。它以其独特的魅力，感化着一代又一代的华夏儿女，成为他们成长道路上不可或缺的精神食粮。在高校德育工作中，强化传统道德教育的感化作用，意味着我们要深入挖掘传统道德教育中的人文精神资源，将其与现代社会的价值观念相结合，赋予其新的时代内涵和现实意义。要实现这一目标，要对传统道德教育的内容进行创新和拓展。传统道德教育并非一成不变的古老教条，而是随着时代的发展而不断丰富的文化宝库。我们应该在保持其核心价值不变的前提下，结合现代社会的发展需求和学生的实际需求，对传统道德教育的内容进行适时的更新和补充。例如，将传统道德教育中的"仁爱""诚信"等理念与现代社会的"公民道德""社会责任"等价值观念相结合，形成具有时代特色的道德教育新内容。

教师要探索更加多样化和现代化的教育方式，例如采用情境教学、案例教学、互动教学等，让学生在轻松愉快的氛围中接受传统道德教育的熏陶。同时，我们还可以利用现代科技手段，例如网络教学、多媒体教学等，将传统道德教育的内容以更加生动、形象的方式呈现给学生，增强其感染力和吸引力。

道德教育并非停留在理论层面，更重要的是要将其转化为学生的实际行动。因此，积极组织学生参与各种社会实践活动，例如志愿服务、公益活动等，让学生在实践中体验传统道德教育的魅力，并将其内化为自己的行为习惯和价值观念。

三、注重人文关怀，营造良好的人文环境

在当今社会快速发展的背景下，人文关怀成为衡量一个社会文明程度的重要标尺。人文关怀不仅关乎个体的精神成长与心理健康，更关乎整个

社会的和谐稳定与持续发展。因此，注重人文关怀，营造良好的人文环境，是当代社会发展不可或缺的一环。

（一）创建优异的社会环境

优异的社会环境是人文精神得以滋生的土壤，它要求社会在多个层面进行系统性构建，以确保人文关怀的深入实践。

1.加强制度建设，为培养人文精神提供制度保障

制度是社会的基石，也是人文精神得以传承和发展的保障。加强制度建设，意味着要在法律、政策等层面体现对人文精神的重视。具体而言，应制定和完善相关法律法规，保护个人的精神自由与创造力，同时鼓励社会各界参与人文精神的建设。例如，可以通过立法保障公民的文化权益，推动公共文化服务的均等化；在教育领域，应改革教育制度，注重培养学生的批判性思维与人文关怀，使教育成为人文精神传承的重要途径。

2.加强外部环境的建设，为培养人文精神提供社会基础

外部环境是人文精神得以展现的舞台。加强外部环境的建设，就是要营造一个鼓励创新、尊重多元、包容失败的社会氛围。这要求我们在城市规划、公共空间设计、社区建设等方面，充分融入人文关怀的元素，使人们在日常生活中能感受到人文精神的温暖。例如，城市公园、图书馆、博物馆等公共空间的设计，应注重其文化功能的发挥，使其成为市民进行文化交流与精神提升的重要场所。同时，社区应积极开展各种文化活动，增强居民之间的情感联系，促进社区的人文氛围建设。

3.积极改善媒体环境，加强舆论对大众的导向

媒体是现代社会信息传播的重要渠道，也是塑造社会舆论的关键力量。积极改善媒体环境，意味着要引导媒体承担起传播人文精神、弘扬社会正能量的责任。具体而言，媒体应关注社会热点问题，及时报道那些体现人文精神的事迹与人物，通过正面典型的树立，引导公众形成正确的价值观。同时，媒体还应加强对网络舆论的引导，抵制低俗、庸俗、媚俗的信息传播，净化网络空间，为公众营造一个健康、积极的信息环境。

（二）创造良好的校园环境

校园环境不只是物质空间的堆砌，更是文化氛围与精神内涵的集中体现。一个良好的校园环境应当能够激发学生的创造力，培养他们的审美情趣，同时在潜移默化中传递人文精神的价值。

1. 加强校园文化活动的开展

校园文化活动是校园精神生活的重要组成部分，也是培养学生人文素养的有效途径。加强校园文化活动的开展，意味着要在形式与内容上进行双重创新，以满足不同学生群体的需求。具体而言，可以通过举办学术讲座、文艺晚会、艺术展览、读书会等多种形式的活动，丰富学生的课余生活，拓宽他们的视野。这些活动不仅能够提供学生展示自我、交流思想的平台，还能够激发他们对知识的渴望与对美的追求。同时，校园文化活动应注重传统文化的传承和与现代文化的融合，使学生在参与中感受到文化的多样性与包容性，培养出更加开放与包容的人文精神。

在活动的组织与策划上，应鼓励学生自主参与，培养他们的团队协作能力与组织能力。此外，还可以邀请校外的专家学者、艺术家等进校交流，为校园带来新鲜的思想与观点，进一步丰富校园文化的内涵。

2. 适当增加校园的人文景观数量

人文景观是校园文化的重要载体，也是校园环境不可或缺的组成部分。适当增加校园人文景观的数量，意味着要在校园规划与建设中，更加注重文化元素的融入与体现。人文景观不仅包括具有历史意义的建筑物、纪念碑等，还包括雕塑、壁画、园林等能够体现学校特色与人文精神的艺术作品。这些景观不仅能够美化校园环境，还能够成为学生进行审美教育与历史教育的重要资源。

在增加人文景观时，应注重其教育功能与审美功能的结合。例如，可以选择一些具有代表性的历史人物或事件作为雕塑或壁画的主题，使学生在欣赏艺术的同时，也能够了解到相关的历史知识与人文精神。此外，还可以利用校园的自然环境，例如湖泊、山林等，打造具有特色的自然景观与人文景观相结合的休闲区域，为学生提供一个放松身心、思考人生的空间。

第一节　长征精神融入高校思想政治教育的实践

一、长征精神及其特征

长征精神，这一涵盖了革命理想和事业的坚定信念、独立自主的创新胆略、高尚品德的集体主义以及紧密联系人民群众的优良传统的伟大精神，正如习近平总书记在长征胜利80周年上的讲话所指出的："伟大长征精神，是党和人民付出巨大代价、进行伟大斗争获得的宝贵精神财富，我们世世代代都要牢记伟大长征精神、学习伟大长征精神、弘扬伟大长征精神，使之成为我们党、我们国家、我们人民、我们军队、我们民族不断走向未来的强大精神动力。"① 在当今时代，我们仍然需要不断弘扬长征精神，以它为榜样，勇往直前，为实现中华民族伟大复兴的中国梦而努力奋斗。

（一）长征精神的历史性

长征精神的历史性主要体现在其根植的特定历史时期以及由此产生的深远历史影响之上。回溯往昔，长征发生在那个风云变幻、动荡不安的年代，中华民族正面临着前所未有的挑战和考验。在这样的历史背景下，中国共产党人展现出了惊人的毅力和坚韧不拔的决心，他们不畏艰难险阻，不惧生死考验，毅然决然地踏上了这条充满未知和危险的征途。这段艰苦卓绝的经历，不仅锤炼了中国共产党人的意志品质，使他们在逆境中不断

---

① 习近平 . 在纪念红军长征胜利80周年大会上的讲话 [N]. 新华社 . 2016–10–21（001）.

成长、壮大，更在其精神上铸就了一座不朽的丰碑。长征途中的每一次战斗、每一次跋涉、每一次牺牲，都凝聚着共产党人对革命事业的坚定信念和无私奉献。这些宝贵的经历和精神财富，为后来的革命事业奠定了坚实的基础，也为中国共产党的蓬勃发展注入了强大的动力。

长征精神的历史性还体现在它对历史的深刻反思和对未来的深刻洞察上。长征不只是一次简单的战略转移，更是一次深刻的历史反思和觉醒。它让人们意识到，只有那些能够经受住时间考验、勇往直前的精神才能永存不朽。这种精神不仅是对过去的缅怀和敬仰，还是对未来的激励和指引。它告诉人们，在历史的长河中，只有坚持正确的道路、坚守信仰、勇往直前，才能不断创造新的辉煌，谱写新的篇章。

（二）长征精神的先进性

长征精神的先进性体现在中国共产党人坚定的理想信念上。在长征这一艰苦卓绝的过程中，红军指战员们面对着敌人的围追堵截和恶劣的自然环境，始终保持着对革命的坚定信念，不畏艰难险阻，勇往直前。正是这种信仰的力量，支撑着他们走过千山万水，克服重重困难，最终取得了伟大胜利。这种坚定的理想信念，是长征精神先进性的重要体现，也是中国共产党人不断追求进步、实现民族解放和人民幸福的重要动力。

同时，长征精神的先进性还体现在红军的英勇顽强、不畏艰险的战斗精神上。在面对强大的敌人和艰苦的环境时，红军战士们能够沉着冷静、机智勇敢地进行战斗，充分展示了革命军人的英勇形象。他们不畏强敌，敢于拼搏，以顽强的毅力和坚定的决心，战胜了一个又一个困难。这种英勇顽强的战斗精神，是长征精神先进性的又一重要体现，也是中国共产党人不断革命、不断进取的重要品质。

在长征途中，中国共产党人深刻认识到，只有找到适合中国国情的革命道路，才能实现民族的解放和繁荣。因此，他们不断探索和创新，将马克思主义理论与中国革命的实际相结合，形成了具有中国特色的革命道路和理论体系。这种对革命道路的积极探索和创新，不仅为长征的胜利提供了有力保障，还为后来的革命事业积累了宝贵经验，是长征精神先进性的又一重要体现。

（三）长征精神的群众性

长征精神的群众性，是其深厚底蕴和广泛影响力的关键所在。这一特性，深刻地体现在红军与人民群众之间那不可分割的血肉联系上。在长征的漫长征途中，红军始终如一地坚持群众路线，与人民群众同呼吸、共命运，同甘共苦。这种紧密的联系使得红军深深地扎根于人民群众之中，赢得了广大人民群众的衷心支持和拥护。这种群众性，不仅是红军得以在艰难困苦中生存和发展的坚实基础，还是长征精神能够广泛传播、深入人心的重要支撑。在长征的过程中，红军不仅依靠人民群众的支持进行战斗，而且更深入地走向群众，积极向人民群众宣传革命的理念，用真挚的情感和坚定的信念感染着每一个人。他们发动群众，组织群众，让广大人民群众参与到革命事业中来，共同为民族的解放和繁荣英勇奋斗。

红军在长征途中，通过实际行动践行了群众路线的深刻内涵。他们关心群众疾苦，为群众排忧解难，用实际行动诠释了"为人民服务"的宗旨。这种与人民群众紧密相连的关系，使得红军在长征中能够不断得到人民群众的支援和帮助，从而克服了一个又一个艰难险阻。

长征精神的群众性还体现在红军对人民群众的深刻理解和尊重上。红军深知，只有真正了解人民群众的需求和期望，才能更好地为他们服务，获得他们的真心拥护。因此，在长征过程中，红军始终注重倾听人民群众的声音，关心他们的疾苦，为他们谋利益、求解放。

（四）长征精神的创新性

在长征这一艰苦卓绝的过程中，红军指战员们面对敌人的围追堵截和恶劣的自然环境，并没有墨守成规，而是勇于探索，不断创新战术和战略，最终取得了长征的伟大胜利。这种创新性在军事策略上表现得尤为突出。红军在长征途中，多次面临敌人的重兵"围剿"和险恶地形的考验，但他们并没有为困境所束缚，而是敢于打破常规，灵活调整战术和战略。他们采取声东击西、避实击虚等战术，巧妙地迷惑敌人，打乱敌人的部署。同时，他们还充分利用地形地貌，采取迂回穿插、分割包围等战术，有效地削弱了敌人的战斗力。这些创新的战术和战略，不仅为红军赢得了宝贵的生存空间，也为长征的最终胜利奠定了坚实的基础。

长征精神的创新性不只体现在军事策略上，更体现在对待困难和挑战的态度上。红军指战员们在长征途中，面临着前所未有的艰难困苦，但他们并没有被困境吓倒，而是以乐观主义精神面对一切艰难困苦。他们坚信，只要敢于创新，敢于突破，就一定能够战胜一切困难和挑战。正是这种勇于创新的精神，赋予了长征精神强大的生命力和伟大的时代价值。

二、长征精神与高校思想政治教育的关系

（一）长征精神与高校思想政治教育具有同源性

长征精神与高校思想政治教育在深层次上展现出鲜明的同源性。这种同源性不仅体现在它们共同的思想基础上，还体现在理论方法和实践路径的高度契合上。长征精神作为马克思主义理论与中国革命实践相结合的宝贵结晶，其形成和发展过程深刻反映了马克思主义的科学性和革命性。它不只是中国共产党领导下的红军在艰苦卓绝的斗争环境中铸就的伟大精神，更是对马克思主义关于无产阶级革命、人民群众历史作用等核心原理的生动诠释。

与此同时，高校思想政治教育作为中国共产党开展思想工作、培养社会主义建设者和接班人的重要工具，其教学内容、方法和目标均深深根植于马克思主义的理论体系之中。这不仅意味着高校思想政治教育必须传授马克思主义的基本原理，而且要求其将马克思主义中国化的最新理论成果融入教学，引导学生树立正确的世界观、人生观和价值观，培养具有坚定理想信念和社会责任感的新时代青年。

因此，无论是长征精神所蕴含的坚定信念、艰苦奋斗、服务人民等核心价值，还是高校思想政治教育所强调的政治引领、理论武装、品德塑造等核心任务，都是对马克思主义科学原理在不同历史阶段、不同社会实践领域的具体运用和展现。它们共同体现了马克思主义与时俱进的理论品质，以及在中国大地上生根发芽、开花结果的强大生命力。可以说，长征精神与高校思想政治教育在本质上都是对马克思主义科学原理的深刻体现和生动实践，二者相辅相成，共同构成了新时代中国特色社会主义思想文化建设的重要组成部分。

（二）长征精神与高校思想政治教育具有同质性

长征精神与高校思想政治教育，作为我党在不同历史阶段的精神指引和思想保障，其内在的同质性不只体现在鲜明的意识形态特征上，更在于它们都对人的精神动态和政治立场进行着深刻的干预与引导。这种同质性，根植于中国共产党领导人民进行革命和建设实践的深厚土壤之中，是马克思主义理论与中国实际相结合的产物，共同构成了中国共产党思想政治工作的两大支柱。

从历史和实践的维度来看，中国共产党领导人民进行革命和建设的过程，是孕育和形成长征精神的母体，也是高校思想政治教育的实践基础和理论源泉。长征精神作为这一历史进程中的精神瑰宝，不仅深刻反映了马克思主义关于无产阶级革命、人民群众历史作用等核心原理，还从实践的性质、方向和内容等方面，对中国共产党领导的革命和建设活动产生了深远的影响和促进。同样，高校思想政治教育也运用马克思主义科学理论，引导着师生的精神世界，确保中国革命和建设事业拥有源源不断的精神动力和思想支持。这种对实践的深刻介入和引导，使得长征精神与高校思想政治教育在思想性、知识性和教育性上展现出了高度的同质性。

从内容和功能的层面分析，长征精神在内容上对高校思想政治教育具有重要的补充作用。长征精神的产生与中国共产党的成长密不可分，它天然地蕴含着无产阶级的思想意识，体现了无产阶级革命者的崇高理想和坚定信念。而高校思想政治教育，作为我党对高校师生进行思想政治引导的重要工具，其核心任务之一就是进行无产阶级思想的教育引导。因此，将长征精神融入高校思想政治教育之中，不仅可以丰富教育内容，增强教育的针对性和实效性，还可以帮助师生更好地理解和把握无产阶级的思想精髓，坚定他们的理想信念和政治立场。这种在内容上的相互补充和功能上的相互强化，进一步凸显了长征精神与高校思想政治教育的同质性。

从价值导向和目标追求的角度来看，长征精神与高校思想政治教育都致力于培养具有坚定理想信念和高尚道德品质的社会主义建设者和接班人。长征精神所蕴含的艰苦奋斗、无私奉献、团结协作等核心价值观，与高校思想政治教育所倡导的政治素质、道德品质、文化素养等培养目标高度契合。这种在价值导向和目标追求上的一致性，不仅体现了二者在意识形态领域的同质性，也为我党在不同历史阶段开展思想政治工作提供了重要的思想武器和实践指南。

（三）长征精神与高校思想政治教育具有同向性

长征精神和高校思想政治教育的核心皆在于教育和引导人，旨在促进人的全面发展。这种同向性不只体现在目标的一致性上，更体现在实践过程中的相互支持与促进上。

从教育目标来看，高校思想政治教育作为一项全国性的教育活动，其广度和深度的实现必然依赖于广泛的社会基础和民族共识。它旨在通过系统的理论教学和实践活动，培养学生的思想政治素质，引导他们树立正确的世界观、人生观和价值观。长征精神作为中国共产党宝贵的精神财富，其核心在于体现了党为人类解放事业不懈奋斗的精神追求和实践探索。长征精神的深刻内涵，包括坚定的理想信念、不屈不挠的革命意志、艰苦奋斗的进取精神以及紧密团结的集体主义精神，这些都与高校思想政治教育的目标高度契合，共同指向人的全面发展和社会的整体进步。

从教育内容的维度分析，长征精神蕴含着丰富的革命性和科学性。它不仅是历史的见证，还是思想的瑰宝。长征途中，中国共产党领导的红军面对极端艰难险阻，展现出了非凡的智慧和勇气。这种精神力量是激励后人不断前进的宝贵财富。长征精神所彰显的人民主体性，与高校思想政治教育强调的"以人为本"理念不谋而合，都强调了在历史进程中人民群众的主体作用和创造力量。因此，长征精神不仅是历史的记忆，还是当代高校思想政治教育的生动教材，它能够激发学生的爱国情怀，增强他们的历史责任感和使命感。

从教育功能的层面探讨，长征精神与高校思想政治教育都具备鲜明的意识形态属性，它们都对人的精神世界产生着深刻影响。长征精神作为一种强大的精神动力，能够引导学生树立正确的理想信念，坚定走中国特色社会主义道路的信心。高校思想政治教育通过系统的理论学习和实践锻炼，帮助学生形成符合社会发展要求的思想政治品德。二者在教育功能上相辅相成，共同作用于学生精神世界的塑造和价值观的培育。

从教育资源的整合与利用角度来看，长征精神作为一种独特的教育资源，其内在价值归属于思想政治教育系统。将长征精神融入高校思想政治教育之中，不仅可以丰富教学内容，增强教学的吸引力和感染力，而且能够通过具体的历史案例和生动的英雄事迹，使学生更加直观地感受到革命传统的魅力，从而更加自觉地继承和发扬党的优良传统。这种资源的整合与利用，不仅有助于提升高校思想政治教育的实效性，而且能够促进长征精神在新时代的传承与创新。

三、长征精神融入高校思想政治课教育的路径

"传承和发扬长征精神，是加强党的建设的重要思想基础，是实现中国式现代化的不竭精神动力，是可以影响世界的重要文化'软实力'的自我展现。"[①] 长征精神蕴含着深厚的革命性和科学性。它不只是对历史的一种回顾和纪念，更是对后人的一种精神引领和激励。这一精神包括了坚定的理想信念，它如同灯塔一般，为革命者指明了前进的方向；不屈不挠的革命意志，它使红军在面临重重困难和挑战时，仍能保持高昂的斗志和必胜的信心；艰苦奋斗的进取精神，它激励着人们在逆境中不断拼搏，追求卓越；紧密团结的集体主义精神，它强调了团结合作的重要性，是革命胜利的重要保障。这些精神内涵，如同一笔笔宝贵的精神财富，激励着后人不断前进，为实现中华民族的伟大复兴而努力奋斗。同时，它们也是高校思想政治课教育的重要内容，对于培养学生的爱国情怀、历史责任感和使命感具有重要意义。

在将长征精神融入高校思想政治课教育的过程中，教师应深入挖掘其丰富的内涵，将其与课本知识相结合，形成生动、具体的教学案例。例如，在讲解"中国革命的历史进程"这一章节时，教师可以引入长征途中的具体战役，如四渡赤水、飞夺泸定桥等，以及英雄事迹，如红军战士的英勇牺牲和坚韧不拔的斗志，让学生更加直观地感受到长征的艰辛和英勇。通过这些具体案例的讲解，学生可以更加深入地理解长征精神，感受到其中蕴含的坚定信念和顽强意志。

教师还可以结合当代社会实际，引导学生思考长征精神在当代的价值和意义。例如，可以组织学生讨论长征精神如何应用于当今的学习、工作

---

① 徐星华，张雷，蒋泽枫.长征精神涵养高校思想政治教育的价值逻辑及路径[J].通化师范学院学报，2024，45（5）：69.

和生活中，如何在新时代背景下继续传承和弘扬长征精神。通过这样的思考和讨论，学生可以更加深刻地认识到长征精神的时代价值，培养他们的历史责任感和使命感，激励他们在新的历史时期继续发扬革命传统，为实现中华民族的伟大复兴贡献自己的力量。

第二节　三线精神融入高校思想政治教育的实践

三线精神的来源可以追溯到 20 世纪六七十年代的三线建设时期。这一时期，为了应对国际形势的动荡和保障国家安全，中共中央主导开展了一场以战备为中心，以基础工业、国防科技工业和交通设施为重点的大规模经济建设活动，即三线建设。在三线建设的过程中，建设者们面临着极其艰苦的生存和生产条件。为了国家和人民的利益，他们不畏艰险、顽强奋斗，在偏远贫困地区建设战略后方，逐渐形成了能吃苦、能战斗的艰苦创业精神。同时，他们发扬无私奉献的精神，放弃与家人的团聚，全身心投入到三线建设中，为国家的发展做出了巨大贡献。此外，三线建设还强调团结协作和勇于创新。在党的领导下，各行各业行动一致进行大协作，形成了团结一致、共同奋斗的良好氛围。而面对建设中的种种困难和挑战，建设者们勇于创新、敢于突破，不断推动三线建设向前发展。

2015 年，在攀枝花中国三线建设博物馆开馆之际，在攀枝花举行了首届全国三线建设史研讨会，会议根据当年三线建设的领导同志讲话和广大职工的豪言壮语汇聚提炼，明确提出了"艰苦创业、无私奉献、团结协作、勇于创新"的 16 个字三线精神。2018 年 6 月，中共中央宣传部将三线精神与"两弹一星"精神、载人航天精神、抗洪救灾精神等一起，列为新时代大力弘扬的民族精神、奋斗精神。[①]

一、三线精神的内容

三线建设彰显的艰苦创业精神、勇于创新精神、团结协作精神、无私奉献精神具有历久弥新的魅力，经过岁月的变迁，融汇成三线精神的丰富

---

① 包林.三线精神在高校思想政治教育中的价值研究 [D].大理：大理大学，2024：1—2.

内涵，已成为中华民族精神、奋斗精神的重要组成部分。作为社会主义先进文化重要组成部分的三线精神，在新的历史背景下所蕴含的生命力和先进性是无法替代的，是不容忽视的。进入新时代，更加需要从三线精神中获得理想信念的支撑，滋养奉献意识，涵养团结作风，提升创业格局，蕴蓄创新精神。

（一）艰苦创业

伟大的创业历程必然以伟大的创业精神作为支撑与引领。三线建设，作为新中国历史上的一项神圣而艰巨的事业，其成功实施与推进，无疑需要一种积极向上、勇于开拓的精神力量来凝聚和激励广大的建设者。尤为值得强调的是，这一规模宏大的三线建设是在完全缺乏外部援助的条件下展开的，这无疑对广大三线建设者提出了更高的挑战与要求。面对如此艰巨的任务与恶劣的环境，三线建设者们展现出了非凡的毅力与决心。他们充分发扬了自力更生、艰苦创业的精神，不畏艰难、不惧困苦，以坚定的信念和顽强的意志，投身于三线建设的伟大实践中。这种艰苦创业的精神，不仅成为三线建设取得辉煌成就的重要基石，更成为激励后人不断前行、勇于开拓的宝贵精神财富。

（二）勇于创新

自古以来，创新精神便深深根植于中华民族的实践之中，从汉唐盛世的古代"丝绸之路"的不断开辟，到洋务运动开启的中国现代化进程，再到新时代着力构建人类命运共同体、全面扩大对外开放的伟大战略，无不彰显了中华民族勇于探索、敢于创新的精神特质。这种创新精神，是在长期的历史实践中，通过兼收并蓄各种思想文化的有益成果，不断磨砺与锻造而形成的宝贵财富。

在三线建设的伟大历程中，勇于创新的力量始终是一股不可或缺的牵引力，它激励着三线人不断砥砺前行，攻克一个又一个难关。这股源于民族骨子里的创新精神，不仅为三线建设注入了强大的动力，更使我国在众多科技和工业领域实现了由"跟跑"到"并跑"再到"领跑"的历史性转变。这种转变，不仅体现了我国科技实力的显著提升，更彰显了创新精神在推动国家发展、提升国际竞争力中的核心驱动作用。

在三线建设的实践中，我们深刻认识到，唯有创新者才能不断前进，唯有创新者才能真正强大，唯有创新者才能取得最终胜利。创新基因在整个三线建设中释放出了巨大的能量，它不仅是三线建设取得辉煌成就的重要法宝，还是我们民族在新时代继续前行、不断攀登新的高峰的不竭动力。

（三）团结协作

一堆沙子，在单独存在时显得松散无力，然而当其与水泥、石子、水等元素混合后，却能形成比花岗岩更为坚硬的混凝土，这一现象深刻地揭示了团结所蕴含的无穷力量。无论是家庭、组织还是企业，若其成员间缺乏团队协作精神，便如同那三个挑水的和尚，难以形成合力，难以实现共同的目标。

在中国这片土地上，优越的社会主义制度与崇高的协作精神实现了有机的结合，共同塑造了一种独特的社会风貌。在三线建设的伟大历程中，团结协作精神得到了充分的展现，它具体表现为强大的动员能力、有序的协调能力以及科学的组织能力。这种精神在思想上实现了高度的统一，领导层面显得坚强有力，组织实施则呈现出协同一致的特点。

在党的坚强领导下，全国各族人民团结一心，形成了上下一条心、全国一盘棋的大好局面。这使得三线建设的战略布局得以高效执行、有力推进，充分发挥了"集中力量办大事"的效能优势。通过三线建设的实践，社会主义制度的优越性得到了充分的显示和证明。

（四）无私奉献

无私奉献，作为三线精神的重要组成部分，体现了三线建设者们的高尚情操和崇高精神境界。在三线建设的艰苦环境中，无数建设者以国家和民族的利益为重，不计个人得失，甘愿付出一切。他们舍弃了城市的繁华和舒适，扎根于偏远的山区和荒漠，用汗水和智慧浇灌着三线建设的希望之花。无私奉献精神在三线建设中得到了广泛的弘扬和实践。无论是科研人员、工程技术人员还是普通工人和农民，他们都以饱满的热情和坚定的信念投入到三线建设中。他们不计报酬、不畏艰难、不怕牺牲，用实际行动诠释了无私奉献的深刻内涵。无私奉献精神不仅为三线建设的成功提供了强大的精神动力，还为新时代的社会发展树立了崇高的价值追求。它激励着人们以更加饱满的热情和更加坚定的信念投身到实现中华民族伟大复兴的中国梦的伟大实践中去。

二、三线精神在高校思想政治教育中的价值

（一）培育大学生社会主义核心价值观的重要途径

习近平总书记指出："文化是一个国家、一个民族的灵魂，文化兴国运兴，文化强民族强，没有高度的文化自信，没有文化的繁荣兴盛，就没有中华民族伟大复兴。"[①] 在新时代大学生中培育和践行社会主义核心价值观，不仅需要加强革命传统教育，弘扬红色文化，而且必须紧紧围绕着高校的使命和责任来展开。教育的根本使命和责任是培养社会主义接班人，促进学生的全面发展。三线精神是三线建设历史的见证，它凸显了三线建设时期中国共产党人的崇高理想和坚定信念，固结着三线建设者们的高贵品质和优良道德，蕴含着体现共产主义、社会主义价值目标的精神形态，新时代应该大力予以传承和弘扬。

首先，三线精神的丰富内容与培养社会主义接班人的内在要求相耦合。三线精神作为一种独特的历史文化现象，其内涵丰富，包括艰苦创业、勇于创新、团结协作、无私奉献等多个方面。这些精神特质正是培养社会主义接班人所必需的内在素质。在培养社会主义接班人的过程中，注重培养个体的艰苦奋斗精神、创新意识、团队协作能力以及奉献精神，这与三线精神所倡导的核心价值不谋而合，体现了历史传承与时代需求的有机结合。

其次，三线精神内蕴的价值与社会主义核心价值观具有高度相似性。社会主义核心价值观作为新时代中国特色社会主义的精神旗帜，倡导富强、民主、文明、和谐，自由、平等、公正、法治，爱国、敬业、诚信、友善等核心价值理念。而三线精神所蕴含的艰苦奋斗、勇于创新、团结协

---

① 中共中央宣传部. 习近平新时代中国特色社会主义思想三十讲 [M]. 北京：学习出版社，2018：194.

作、无私奉献等价值追求，与社会主义核心价值观中的爱国、敬业、诚信、友善等价值理念相契合，都体现了对民族精神的弘扬和对社会正能量的倡导。这种高度相似性不仅彰显了三线精神在当代社会的价值意义，也为我们深入理解和践行社会主义核心价值观提供了新的历史视角和文化资源。

（二）丰富高校开展"四史"教育内容的重要抓手

2020 年初，习近平总书记在"不忘初心、牢记使命"主题教育总结大会上重申，要把学习贯彻党的创新理论同学习党史、新中国史、改革开放史、社会主义发展史结合起来。随后中共中央办公厅印发了《关于在全社会开展党史、新中国史、改革开放史、社会主义发展史宣传教育的通知》，要求把学习领悟"四史"作为牢记党的初心使命的主要路径，以此不断增进政治认同、思想认同、理论认同、情感认同，引导广大人民群众特别是青少年弄清楚马克思主义为什么行、中国特色社会主义为什么好、中国共产党为什么能等基本道理，加深对党的理论、历史的理解和认识。

三线建设在新中国经济建设史中发挥着重大作用，其在调整平衡我国东西部工产业布局、促进西部大开发和促进我国国防事业的发展等方面取得的成果和贡献都是十分突出和重大的。在时间上三线建设的开展时间主要发生在改革开放之前，也是我国社会主义建设探索时期党和国家长达三个五年计划的重大战略。

习近平总书记强调："我们党在改革开放前后两个历史时期领导人民进行社会主义建设。这两个时期是相互联系的，又有着显著的差异，但本质上都是我们党领导人民进行社会主义建设的实践探索。中国特色社会主义是在改革开放历史的新时代创建的，但也是在新中国确立的社会主义基本制度和 20 多年建设的基础上创建的。"[①] 三线建设作为新中国经济建设史的重要内容，已进入三线建设地区的部分高校的课堂教材，成为这些高校开展"四史"教育的重要内容。

---

① 中共中央文献研究室. 十八大以来重要文献选编（上）[M]. 北京：中央文献出版社，2014：111–112.

（三）坚定新时代大学生"四个自信"的重要保障

三线精神是坚定新时代大学生的制度自信、理论自信、文化自信和道路自信的重要保障。道路自信是高度认同我们选择的这条道路，并将坚定不移地走下去。三线精神与中国其他传统精神的本质区别就在于它是以为人民谋幸福、为民族谋复兴为基点的精神，井冈山精神、长征精神、铁人精神、载人航天精神和伟大的抗疫精神都彰显出不忘初心的理想信念，这种理想信念正是源于中国特色社会主义道路自身的强大生命力和人民的主体力量。三线建设是这条道路的开拓者和见证者，通过对三线精神深入挖掘，可以培养出听党话、跟党走的新人，从而夯实道路自信的思想和信任基础，坚定对中国特色社会主义道路和实现中国梦的信心和决心。

理论是行动的先导，理论自信是"四个自信"中的前提和思想基础。从理论逻辑出发，三线精神植根于中华民族的优秀传统文化和中国共产党的伟大革命精神当中，特别是党在革命、建设和改革时期所表现出来的一系列伟大革命精神。由此，充分发挥三线精神承载的科学思想内涵，能够强化大学生对于党的革命的记忆，提高其政治站位和意识，让他们在笃行中真实体会中国特色社会主义理论的辐射力和感染力，在培育的过程中要做到以情化人与以理服人相结合，使青年大学生成为理想信念坚定、内化理论自信的时代新人。

制度自信表征为大学生对我国制度体系的积极评价和认同。国家制度的形成和发展与广大人民群众不可分割。我国是人民民主专政的社会主义国家，人民是国家的真正主人，广大人民群众是三线建设中的核心力量，人民群众在中国共产党的带领下取得了三线建设战略伟大成就，为我国的社会主义制度建设做出了巨大的贡献。新时代是一个人才辈出的时代，这背后离不开制度的完善和发展，有效的三线精神培育彰显的是制度优势，要在充分发挥制度优势的前提下，准确把握三线精神所蕴含的人民至上价值理念，为大学生坚定制度自信提供价值遵循和强大精神动力。

文化自信是大学生对中华民族文化价值的认同和肯定。三线精神蕴含着中华民族独特的精神标识，是中华民族传统美德的生动体现，根植于中华优秀传统文化和社会主义先进文化当中。一脉相承是文化自信的现实特征，是三线精神成为主流价值观的重要内容，有利于培植新时代大学生高尚的品格、坚定的理想信仰和营养丰富的价值观念，能有效识破历史虚无主义的惯用伎俩，防止其侵蚀大学生的内心。同时，在坚定文化自信的过程中要坚持守正创新的原则，这是新时代三线精神的时代表征，以中华优秀传统文化和社会主义先进文化为依托，又以外来文化滋养为动力，基于时代新人强大的文化自信续写三线精神新篇章。

三线精神作为社会主义核心价值观的具体体现，最基础的是要求大学生践行时代新风。年青一代除了要做到坚定"四个自信"、知礼明仪外，还应该播散文明、践行新风、传递正能量，坚持从身边的小事做起，以身作则，以实际行动推动民族复兴的伟大进程。形塑三线精神品质和精神风貌，学习广大"三线人"的自强不息、英勇奉献的高尚情操和崇仁厚德的优秀品德，要明辨是非、恪守正道，做到明大德、守公德、严私德，争做"有大爱大德大情怀"的时代新人。

三、三线精神融入高校思想政治教育中的实现路径

（一）拓展三线精神的传播路径

高校的重大战略任务之一就是立德树人，要想真正将三线精神融入进高校思想政治教育之中，当下必须重视拓展三线精神的传播路径。

1. 充分利用好网络媒体传播平台

网络媒体不仅是当今人们的主要娱乐方式，更应该是高校开展思想政治教育活动的主阵地，只有通过大力开展大学生的网络思想政治教育特色课程，丰富教学内容和创新教学方式，才能够牢牢抓住思想政治教育者和学生的注意力。我们常常将21世纪称为全球性的网络时代，随着互联网技术的飞速发展，我们在思想政治教育工作中有了更多的机遇以及方式。网络打破了时间和地域的限制，使得人与人之间的沟通变得方便快捷，以网络为桥梁，人们可以拓宽自己的视野，丰富自己的沟通渠道，也可以在信息获取的途径上得到很大的提升，这也就为三线精神的普及奠定了良好的基础。但与此同时我们不得不提高警惕，网络是把"双刃剑"，它在促进大学生信息获取渠道拓宽的同时也影响着他们并未成型的性格以及价值观，多元价值观念的冲突可能会到导致大学生被不良的思想影响，所以我们在生活中，加强网络安全建设就显得极其重要，发挥网络教育的正能

量，正是三线精神教育普及过程中需要注意的重要方面。

随着经济社会的发展，手机网络越来越多地与我们的生活融合在一起，高校可以借助智能手机网络媒体平台，采用多种形式将三线精神融入到大学生的生活之中。例如，在手机和电脑客户端上进行三线精神教育普及工作使学生更全面充分地了解何谓三线精神，了解三线精神的科学内涵，并将学习到的理论内化于心、外化于行，体现在日常的学习生活之中；可以利用学习强国、抖音、快手等现今广大学生使用率较高的学习平台、视频软件、微信公众号等推送三线精神的相关理论学习视频和文章，丰富大学生学习传播三线精神的学习资源。

2. 丰富三线精神在社会传播中的表现形式

在当下社会实践中，三线精神的表现形式在文学创作方面较为丰富，但三线精神的表现形式不应拘泥于传统的文学创作的表现形式，应当结合时代发展的特点，创新表现形式。除了创新性地在思想政治理论课程中融入三线精神的教育内容外，还可以通过在深入挖掘三线精神形成过程中的一些英模事迹，以他们的故事为典例原型，结合时代背景，拍摄相关的优秀的电视纪录片、影视等作品。在文化生产领域，还可以通过建设与三线建设有关的博物馆，开发与三线建设有关的遗址、旅游地、文化创意产业等，来丰富三线精神的表现形式。

3. 在高校文化活动中体现三线精神

高校作为一方水土，是培育人的地方，校园文化是这方水土的生命所系、灵魂所在。因此，可以将三线精神体现到高校校园文化活动建设中，充分发挥三线精神在校园文化中的育人功能。

好的校园文化活动的组织与开展往往与最终的教育效果息息相关。要弘扬好三线精神，应在校园文化建设活动的形式和内容上有所创新，做到将原本枯燥无味的三线精神理论具象化、生动化，吸引大学生的注意，达到培养大学生主动去弘扬和践行三线精神的目的。通过各学院学生会联合举办关于三线精神与我的成长成才系列演讲比赛；组织学生参加由学校社团举办的三线精神的相关辩论赛；举办围绕三线精神为主题的文艺晚会、演讲比赛、知识竞答等校园文化活动；在校园文化长廊、图书馆、走道、广场等公共场所加入有关三线精神的文艺作品，例如标语、雕像、英模人物等可以生动直观展现三线精神的一切载体；在学校公共大屏上，投放关于三线精神传播的系列电影等，让学生在多种多样的校园文化建设活动中，潜移默化地学习到三线精神的科学内涵，理解其中的文化精髓，自觉做三线精神的传播者和践行者。

（二）在大学生社会实践活动中融入三线精神教育

社会实践是在校学生利用节假日等空闲时间参加社会活动的一种方式，青年学生按照学校培养目标的要求，参与社会政治、经济、文化生活的教育活动，这个过程是使学生快速成长的良好助力。大学生参加社会实践活动，对大学生的德智体本身来说是学校课堂教育的延伸和扩展。高校思想政治教育的重要渠道之一就是通过组织学生参加社会实践。新时代背景下在大学生社会实践活动中融入三线精神教育，从建立三线精神教育实践基地和开展丰富的三线精神主题教育实践活动两方面着手，使他们按着现代社会的要求健康成长。

1. 建立三线精神教育实践基地

三线精神作为中国人民在中国共产党领导下在社会主义建设时期创造的一种红色文化，在当今的思想政治教育中具有重要的地位和作用。红色文化凝结了党的奋斗历程、建设经验，蕴含了党的崇高信念和优良作风，具有重要的育人功能，是开展思想政治教育的重要资源和载体。2014年11月，习近平总书记在出席全军政治工作会议期间强调，要"把理想信念的火种、红色传统的基因一代代传下去"。① 要发挥好三线精神在思想政治教育中的育人功能，提升三线精神在思想政治教育课中的生命力和实效性，就必须重视三线精神教育实践基地的建设。建设三线精神教育实践基地目的在于开展三线精神主题实践教育活动，合理挖掘和利用好三线精神资源，解决高校思想政治教育课校园和社会脱节、教学理论与实践脱离的问题，以此实现三线精神在高校思想政治教育中应有的价值。

---

① 徐永健，李盼. 试论红色文化资源与大学生思想政治教育的内在关联 [J]. 思想教育研究，2016（12）：84–88.

2. 开展丰富的三线精神主题教育实践活动

主题教育活动具有重要的育人功能，服务于大学生的全面发展成长，在满足大学生发展需求的过程中实现着重要的教育价值。因此，在大学生社会实践活动中融入三线精神教育，我们应该重视开展好丰富的三线精神主题教育实践活动。

高校可以旗帜鲜明地开展以"三线精神"为主题的教育实践活动，通过邀请一些三线建设过程中的先进模范人物、党员代表、三线建设英雄烈士家属来做讲座，为学生讲述他们的感人的三线建设事迹。三线精神从他们身上散发开来，这样对于大学生而言，三线精神才更具说服力和感染力。

高校可以建设专门针对研究和传播三线精神的平台，联系本校实际形成以人文社会学科为主的三线精神的研究团队，打造和建立三线精神研究中心，深入挖掘三线精神资源，为三线精神的主题实践教育活动提供理论支撑。组建以党员师生为主的三线精神宣讲团队。高校要大力支持和引导宣讲团队以及广大师生通过参观三线建设遗址、三线建设博物馆等方式来践行三线精神主题教育实践活动，使大学生在贴近三线建设的主题教育实践活动中了解学习三线精神。

第三节　"两弹一星"精神融入高校思想政治教育的实践

伟大事业孕育伟大精神，"两弹一星"精神在两弹一星研制的过程中应运而生，在实现中华民族伟大复兴的新征程中需要伟大精神作为动力支撑。正如习近平总书记指出："'两弹一星'精神激励和鼓舞了几代人，是中华民族宝贵的精神财富。"[①] 同时，"两弹一星"精神也是"高校思政课程的丰富教育素材和课程资源，是坚定理想信念、强化民族自信、引领价值追求的生动教科书"[②]。

---

① 《习近平讲党史故事》编写组．习近平讲党史故事 [M]．北京：人民出版社，2021：274．
② 李红霞，李玲．"两弹一星"精神融入高校思政课教育的现状分析及实现路径 [J]．大学，2023．

一、"两弹一星"精神的解读

（一）热爱祖国、无私奉献

"热爱祖国、无私奉献"是广大"两弹一星"研制工作者不断前进的动力源泉。爱国与奉献不仅是"两弹一星"事业的核心价值观，还是广大研制工作者无私奉献的高尚品德和深沉的爱国之心的真实写照。他们高举爱国主义的伟大旗帜，自觉地将个人的理想与国家的命运紧密相连，用满腔的热血和生命书写了壮丽的诗篇。这些元勋们，不为名利所动，只因祖国的召唤，毅然决然地投身于国家需要的科研和学术岗位，为"两弹一星"工程的成功研制以及国家科学事业的发展做出了卓越的贡献。他们与背后默默奉献的工人、解放军指战员等一道，共同为祖国的科技事业倾注了满腔的热情，无私地奉献了自己，用实际行动诠释了爱国主义的精神实质，展现了中华儿女深厚的爱国情怀和崇高的奉献精神。

（二）自力更生、艰苦奋斗

"自力更生、艰苦奋斗"是"两弹一星"研制工作者战胜一切艰难险阻的动力支撑。在中华人民共和国成立初期，国内外形势严峻复杂，党中央清醒地认识到，其他国家在任何时候都不可能毫无保留地将自己的核心技术传授给我国。面对从零开始的科研艰难条件，科学家们坚守在荒漠深处，不辞辛劳，完全依靠自身的聪明才智，在研发过程中实现了无数国际领域内国防尖端科技的技术超越。正是这种自力更生、艰苦奋斗的创业精神，成为他们战胜困难、创造奇迹的精神动力，在世界科技史上留下了辉煌的篇章。

（三）大力协同、勇于登攀

"大力协同、勇于登攀"是社会主义政治制度优势的充分体现。"两弹一星"的研制是一项广泛涉及全国众多机构、部门的"大科学""大工程"；是在中国共产党的英明领导下，集科学家之智慧，举全国之力量，大力协同、密切配合的辉煌成果；是广大科学家和科技工作者在研制过程中奋力进取、锐意创新、勇于攀登科学高峰的丰硕果实。"两弹一星"工程是一个举国并进的庞大工程，在党的统一领导下，全国上下形成了"一盘棋"的局面，集中精力拧成"一股绳"。在第一颗原子弹的研制过程中，全国各省份、研发制作部门、院校和研究基地的精兵强将协同作战，最大限度地调动了我国有限的人力、物力及财力资源，集中精力攻克了"两弹一星"工程研发过程中的一系列技术难关，确保了"两弹一星"工程各项任务的圆满完成。集中力量、协同攻关是"两弹一星"工程取得成功的重要原因之一，充分展现了社会主义制度能够集中力量办大事的优越性。

二、"两弹一星"精神的时代价值

新时代、新征程，"两弹一星"精神作为中国共产党人精神谱系中的伟大精神之一，将在新时代焕发新的时代光芒。"两弹一星"精神对我们建设社会主义现代化科技强国以及实现中华民族伟大复兴的中国梦，具有重要的时代价值。

（一）推进科技进步和自主创新的动力源泉

在科学技术迅猛发展、日新月异的时代，科学技术是国家综合国力的集中体现，也是不同国家进行较量的决定性因素，科学技术的发展对能否实现现代化科技强国具有决定性作用。中国要建设现代化科技强国、实现中华民族伟大复兴必须重视科学技术的发展，全面推进科学创新，占据世界科学技术研发的制高点。人类社会的历史发展进程证明了富于科学精神的民族，才能不断发展进步。

科学精神是"两弹一星"精神的内在底色之一，在"两弹一星"研制过程中，科学家工作者即使遭遇撤销技术援助、科技封锁、孤立无援的境遇之下，依然崇尚科学、追求卓越，始终坚持自主研发，进行大胆创新，勇攀科技高峰，最终打破核垄断，在较短时间内突破技术壁垒，向高水平跨越，使得中华民族在世界科技舞台上大放异彩。立足新时代，要不断传承与弘扬"两弹一星"精神，独立自主、勇于创新，为实现社会主义现代化强国提供不竭的精神动力。

（二）培育社会主义核心价值观的生动教材

社会主义核心价值观是国家、社会、个人价值准则的有机集合体，是中国精神的当代体现，是全体中华民族儿女共同的价值追求的凝练。新时代背景下，社会主义核心价值观的培育与践行对于强化思想的引领、形成统一的价值追求具有重要作用。作为中国精神重要组成部分的"两弹一星"精神，所蕴含丰富的精神内涵是新时代进行社会主义核心价值观培育与践行的生动教材。

"两弹一星"精神本身是红色资源之一，具有丰富的育人资源，新时代进行思想政治课教学更应注重价值的引领作用，因此蕴含社会主义核心价值观的红色资源是优质的思想政治课教学资源。社会主义核心价值观是兴国之魂，无论是从培养时代新人，还是为实现人的全面发展目的来看，"两弹一星"精神都与社会主义核心价值观的根本高度统一。

三、"两弹一星"精神融入高校思想政治教育的路径

思想政治课教学过程是"两弹一星"精神融入的关键环节，因此要充分重视思想政治课的教学过程，要将"两弹一星"精神融入思想政治课的教学设计过程，全面优化"两弹一星"精神融入思想政治课的教学过程，实现"两弹一星"精神融入高校思政课育人效果最大化。

（一）优选"两弹一星"精神内容

将"两弹一星"精神融入高校思想政治课中时要注重相关教学内容的选择，主要注意以下方面：

1. 注重整体与局部的关系

一方面，从全局角度出发。高校要明确开展"两弹一星"精神融入思想政治课的具体要求和内容，加快构建"分工明确、内容互补、相互衔接"的"两弹一星"精神教学体系的形成，建立健全学院教研室集体备课制度，在提高教学效果的同时避免"两弹一星"精神融入思想政治课程教学内容的交叉性和活动形式的重复性，让"两弹一星"精神在高校思想政

治课程体系中达到有机统一的同时又有侧重点。

另一方面，从局部角度出发，根据思想政治课各门课程的教学目标和内容特质及其与"两弹一星"精神内在联系，优化整合现有"两弹一星"精神教学资源，优选与课程相契合的教学内容，尤其将青海特有的"两弹一星"精神教学资源科学、合理地植入思想政治课每一门课程，使"两弹一星"精神的科学内涵和精神实质贯穿于具体的思想政治课教学内容之中，为教学的顺利开展提供科学依据。

2. 注重思想性

"两弹一星"精神相关教学内容的选择要服从于高校思想政治课进行思想政治教育的目标。因此在选择"两弹一星"精神相关资源融入思想政治课的教学内容时不可"本末倒置"，避免为了过分重视对"两弹一星"精神进行讲解和阐述而忽视高校思想政治课程的思想性和教育性原则。在将"两弹一星"精神融入高校思想政治课的教学过程中不可一味地对学生进行灌输，而是应激发学生兴趣引导其自主探索。

3. 注重时代性

将"两弹一星"精神在融入高校思想政治课的实践教学过程中时，要充分挖掘"两弹一星"精神在新时代背景下所具有的时代价值。"两弹一星"精神所蕴含的爱国、奉献精神等与社会主义核心价值观高度契合，要充分挖掘"两弹一星"功勋的精神力量、感受道德风范，明确新时代背景下传承与弘扬"两弹一星"精神对建设社会主义现代化强国的价值意义所在。

（二）优化思想政治课程教学话语体系

思想政治课程教学效果的好坏，与教师教学话语体系是否具有科学性、现实性及教学氛围具有直接联系。要想学生对"两弹一星"精神有更充分、深入的理解，思想政治课教师在话语体系建构上还需进一步优化。

1. 构建良好的思想政治课教学氛围

好的思想政治课堂教学氛围环境对学生学习"两弹一星"精神起到正向作用，可以引导学生在教学过程中主动吸收思想政治课教师教学话语内容。教学语言艺术是教师进行课堂教学的重要手段，因此思想政治课教师在进行课程内容讲解时应运用幽默生动语言激发教育对象对学习"两弹一星"精神的兴趣，要构建师生之间平等的话语体系，鼓励学生勇于质疑、敢于发表不同的看法与意见，以此创设和谐、融洽、平等的沟通话语氛围，形成"两弹一星"精神融入高校思想政治课的良好教学氛围。

2.建构教学话语体系的科学性

在"两弹一星"精神融入高校思想政治课教学过程中，坚持以马克思主义理论为指导、国家话语体系为依托，优化教学话语结构，将"两弹一星"精神讲深、讲透，做到"言之有道"，确保思想政治课教学话语体系真正做到表达的科学性。

3.把握思想政治课教学话语体系的现实性

以马克思主义理论为指导的思想政治课程体系本身具有与时俱进的品质，因此在将"两弹一星"精神融入高校思想政治课进程中，思想政治课教师要注重时代的发展，结合当前的国内国际形势、时实热点，把握新时代特征，结合"两弹一星"精神，不断充实教学内容，增强教学话语体系的时代性，进而提升思想政治课教师教学话语体系的实效性，深化高校学生对"两弹一星"精神的认识。

（三）采用多样化的课程教学方法

将"两弹一星"精神融入高校思想政治课教学中时，思想政治教师除了进行适量的理论灌输外，还应注重育人民主性原则，创新教学方式，充分激发学生的主观能动性，继而提高思想政治课育人的实效。高校思想政治课要彰显时代性，切实提高思想政治课教学思想性、理论性、亲和力以及针对性，应结合不同的教育对象有针对性地创新教学方式方法，满足学生成长需求。例如，开展班级研讨式教学、情境式教学、实践教学、结合心理学学科的方法等。

第一，思想政治教师可采用研讨式教学。研讨式教学是指在教学过程中，教师指定与本节课程内容相关的议题，提前让教育对象自主收集相关资料，在收集过程中对内容具有基本认知及看法，并以小组为单位结合个人对此议题的理解进行阐述和讨论，目的是让教育对象在自主收集与讨论过程中加深对教学内容的理解。

第二，教师可以采用情境式教学。情境式教学是指教育者根据教学目标需要，在教学过程中创设相应的情境，让教育对象以角色扮演等方式重现两弹一星科学家的历史背景和精神风貌，让学生在创设的情境中充分感受"两弹一星"精神的精神力量。

第三，教师可充分借鉴心理学相关学科的方式方法。在思想政治课的实际教学过程中，可结合当代高校学生的心理特点，例如利用激励、正向的心理暗示等心理学方法，以此疏导大学生在现阶段在心理上所遇到的压力和问题，拓宽"两弹一星"精神融入高校思想政治课的教学方式，帮助高校学生消化和吸收"两弹一星"精神，提高"两弹一星"精神融入高校思想政治课的实效。但需注意的是，无论是情境案例式教学还是实践式教学都是基于教师与学生充分理解"两弹一星"精神形成的背景、内涵、价值等基础上进行教学。否则会使思想政治课教学流于形式，滋生断章取义之风，失去思想政治课真正的价值。

第四节 抗震救灾精神融入高校思想政治教育的实践

我国是全球自然灾害最为严峻的国家之一，其灾害特征显著，表现为种类繁多、地域分布广泛以及高频次发生，具体涵盖干旱、洪涝、雪灾、泥石流、地震等多种类型。然而，在面对这一系列严峻的自然灾害挑战时，全党、全军以及全国各族人民展现出了高度的团结与互助精神。他们心往一处想，劲往一处使，共同构筑起抗震救灾的坚固防线，开展了一场艰苦卓绝的抗争。

一、抗震救灾精神的内容

在中华民族的历史长河中，我们经历了无数的风雨和考验，每一次的灾难都铸就了我们坚韧不拔的民族性格。其中，抗震救灾精神作为我们民族精神的重要组成部分，彰显了我们国家和民族在面对重大挑战时所展现出的爱与力量。万众一心、众志成城，不畏艰险、百折不挠，以人为本、尊重科学，这不仅是抗震救灾精神的简洁概括，更是我们中华民族在面对自然灾害时所秉持的核心价值和坚定信念。

万众一心、众志成城，是抗震救灾精神的基础。在特大地震灾害面前，全国人民的心紧紧相连，无论身处何地，无论身份如何，大家都怀揣着同一个信念，那就是共同抗击灾害，重建家园。这种团结一致、共同奋斗的精神，不仅是我们战胜灾害的重要法宝，还是我们民族凝聚力的生动体现。只要心往一处想，劲往一处使，就没有克服不了的困难，就没有战胜不了的挑战。

不畏艰险、百折不挠，是抗震救灾精神的精髓。在抗震救灾的过程中，我们遇到了无数的困难和挑战，但正是凭借着这种不畏艰险、百折不挠的精神，我们才能够一次次地挺起脊梁，一次次地战胜灾害。这种精神不仅体现在救灾人员的英勇奋斗上，还体现在每一个受灾群众的坚韧不拔上。无论面临多大的困难，无论遭受多大打击，我们都要保持坚定的信念和昂扬的斗志，勇往直前，永不言败。

以人为本、尊重科学，是抗震救灾精神的核心。在抗震救灾的过程中，我们始终坚持以人为本的理念，把保障人民群众的生命财产安全放在首位。同时，我们也充分尊重科学，运用先进的科技手段进行救灾和重建工作。这种既关注人的生命又尊重科学规律的精神，不仅是我们抗震救灾工作取得胜利的重要保障，还是我们推动社会发展进步的重要原则。在任何时候任何情况下，都要把人民的利益放在首位，都要遵循科学规律办事。

抗震救灾精神是党领导人民与特大地震灾害顽强拼搏的精神结晶。在这场艰苦卓绝的斗争中，我们党始终站在抗震救灾的第一线，带领广大人民群众共同抗击灾害。这种精神不仅是我们党领导人民战胜灾害的重要法宝，还是我们党不断推动社会发展进步的重要动力。只有坚持党的领导，只有紧密团结在党的周围，我们才能够战胜一切困难和挑战。

抗震救灾精神是激励全国各族人民夺取全面建成小康社会新胜利的强大精神动力。在抗震救灾的过程中，人们展现出了无比的勇气和坚定的决心，这种精神和决心也将激励我们在全面建成小康社会的道路上继续前行。它告诉我们，只要我们保持这种团结协作、勇往直前的精神风貌，就一定能实现全面建成小康社会的宏伟目标。

抗震救灾精神是人们自强不息、应对新的挑战、迎接新的考验的强大精神动力。在未来的发展中，我们将面临更多的挑战和考验，但只要我们秉持着抗震救灾精神的核心价值——万众一心、众志成城、不畏艰险、百折不挠、以人为本、尊重科学，就一定能够战胜一切困难和挑战，不断开创中国特色社会主义事业的新局面。

二、抗震救灾精神对高校思想政治教育的意义

用抗震救灾的实践及其精神深入推进高校思想政治教育，及时有效地利用好这一素材，在大学生中广泛开展主题鲜明的教育活动是一项重要的任务，具有重大的现实意义。

（一）抗震救灾精神为加强高校思想政治教育提供新的契机

高校作为培养新时代人才的重要阵地，其思想政治教育必须与时俱进，审时度势，不断挖掘新的教育素材，拓展教育内容的广度与深度，赋予思想政治教育鲜明的时代特色。在这一过程中，抗震救灾精神无疑为我们提供了宝贵的教育资源与契机。

抗震救灾中，涌现出了无数令人感动的人和事，他们用自己的行动淋漓尽致地展现出了人性的真善美和中华民族的传统美德。这些英勇的事迹和崇高的精神，例如不怕牺牲、勇往直前的奉献精神，不屈不挠、顽强奋战的英雄气概，以及万众一心、共克时艰的社会主义协作精神等，都是生动的教育素材，为加强和改进高校思想政治教育提供了新的契机。这些真实的案例和感人的故事，不仅增强了教育内容的时代特色，还使得高校思想政治教育更加贴近实际、贴近生活、贴近学生。通过将这些素材融入课堂教学、实践活动和校园文化建设中，可以引导学生深刻理解和领悟抗震救灾精神的内涵和价值，激发他们的爱国热情和社会责任感，培养他们的民族自豪感和自信心。同时，这些素材还可以作为对学生进行价值观教育、道德教育和社会责任教育的生动教材，帮助他们在思想上、政治上、道德上得到全面的提升和发展。

（二）高校加强思想政治教育针对性和实效性的需要

抗震救灾不仅是对中华民族自立自强精神的一次大检验，还是对民族年青一代思想与行动能力的全面考验。在这场严峻的实践中，年青一代展现出了令人欣慰的精神风貌，他们以实际行动证明了自己是战胜艰难险阻、推动社会前进的青春力量。面对巨大的自然灾害和考验，大多数学生表现出了高度的社会责任感、强烈的爱国热情和严密的组织纪律性。他们在灾难面前以自信、乐观、坚强、奉献的姿态，集体站上了历史的前台，成为抗震救灾和灾后重建工作中一支不可忽视的力量。

保护好、引导好、发挥好青年群体中孕育的这种积极向上的理念和风尚，对于提升高校思想政治教育的针对性和实效性具有至关重要的意义。这不仅关系到年青一代的健康成长，更关系到国家和民族的未来。因此，高校应当充分宣传抗震救灾英模事迹，深入挖掘抗震救灾精神的丰富内涵，将其融入思想政治教育的全过程。

通过宣传抗震救灾英模事迹，高校可以生动展现抗震救灾精神中蕴含的崇高价值追求和道德风尚，为大学生树立可学、可追、可敬的榜样。这些英模事迹不仅展示了个人在灾难面前的英勇和坚韧，更体现了集体主义精神和社会主义协作精神的重要性。通过学习这些事迹，大学生可以更加深刻地理解个人与社会、个人与国家之间的紧密联系，使其增强社会责任感和爱国情怀。

挖掘抗震救灾精神的内涵对于加强大学生的挫折教育和感恩教育也具有重要意义。在抗震救灾过程中，无数人经历了生死考验和家园重建的艰辛，但他们以不屈不挠的精神战胜了困难，重建了生活。这种精神是挫折教育的生动教材，可以帮助大学生正确面对生活中的困难和挑战，培养他们自强不息、昂扬向上的开拓意识。高校可以通过抗震救灾中涌现出的无数援助和互助事迹来进行感恩教育，引导大学生学会感恩，珍惜他人的帮助和社会的支持，培养他们的感恩之心和回报社会的意识。

此外，将抗震救灾精神融入高校思想政治教育中，还有助于培养有责任、有担当的年青一代。抗震救灾实践表明，年青一代在关键时刻能够挺身而出，承担起社会责任和历史使命。高校应当通过思想政治教育，进一步激发大学生的责任感和使命感，引导他们将个人的理想追求融入国家和民族的发展大局之中，成为有担当、有作为的新时代青年。

（三）高校加强思想政治教育吸引力和感染力的需要

灾难是一场生死时速的较量，它考验着一个国家的应急能力，也考验着一个民族的凝聚力和坚韧精神。在抗震救灾的严峻斗争中，党和国家的主要领导人展现出了非凡的决断力和行动力，他们果断决策、迅速行动，为夺取抗震救灾的胜利奠定了坚实的基础。全国各族人民守望相助、同心同德，共同谱写了一曲曲感天动地的壮丽凯歌。在这场空前的爱心涌动中，中华大地展现出了前所未有的团结和坚韧，这种精神风貌无疑为高校加强思想政治教育提供了宝贵的资源和深刻的启示。

教育的最佳状态是潜移默化、润物无声，抗震救灾精神恰恰具有这样的育人功能。在灾难面前，国人所表现出的大智大勇，不只是对生命的尊重和对困难的挑战，更是对民族精神的一次深刻诠释。这种精神风貌足以震撼大学生的心灵，激起他们的深刻自省和反思，给予他们灵魂的洗礼。通过抗震救灾精神的传播和弘扬，高校可以更加生动、具体地向学生展示什么是真正的爱国主义，什么是社会责任，什么是团结协作，从而增强思想政治教育的吸引力和感染力。

抗震救灾精神所蕴含的丰富内涵和崇高价值，为高校思想政治教育提供了新的视角和切入点。在抗震救灾过程中，无数平凡的人以不平凡的勇气和行动，展现出了人性的光辉和道德的力量。这些真实而感人的故事，是思想政治教育最生动的教材。它们能够让学生更加直观地感受到道德的力量和精神的魅力，从而更加积极地接受和认同思想政治教育的理念和内容。

抗震救灾精神所体现出的集体主义和奉献精神，也是当前高校思想政治教育需要重点强调的内容。在抗震救灾的斗争中，无数人为了他人的安全和幸福，不惜牺牲自己的利益和生命。这种拥有高尚品德和勇于无私奉献的人们，是当代大学生应该学习和践行的榜样。通过对抗震救灾精神的宣传和弘扬，高校可以引导学生树立正确的价值观和人生观，培养他们的集体主义和奉献精神，使他们成为更加有担当、有责任的社会公民。

此外，抗震救灾精神还展示了中华民族在灾难面前的坚韧和乐观。这种精神风貌不仅是对灾难的抗争，还是对生活的热爱和对未来的憧憬。通过对抗震救灾精神进行传播和教育，高校可以帮助学生培养积极向上的生活态度和坚韧不拔的精神风貌，使他们在面对困难和挑战时能够更加从容和自信。

三、抗震救灾精神融入高校思想政治教育的实现

（一）深入挖掘抗震救灾精神的内涵和价值

要将抗震救灾精神有效地融入高校思想政治教育，我们首要的任务是全面而深入地挖掘其丰富的内涵和深远的价值。这要求我们不能只停留在对抗震救灾过程中涌现出的英雄事迹和感人故事的表面了解，更要通过对这些事迹和故事的深入剖析，提炼出其中蕴含的具有普遍意义和时代价值的精神元素。这些精神元素可能包括但不限于：无私奉献、团结协作、坚韧不拔、自强不息、勇于担当等。通过深入挖掘，可以为思想政治教育提供一系列丰富而生动的素材和案例，使抗震救灾精神不再只是一个抽象的概念，而是具有具体内容和实际指导意义的教育资源。同时，高校还需要关注抗震救灾精神与社会主义核心价值观的内在联系，进一步探讨其在新时代背景下的独特价值和现实意义，为高校思想政治教育注入新的活力和内涵。

（二）将抗震救灾精神融入课堂教学

课堂教学作为高校思想政治教育的主渠道，具有不可替代的重要地位。为了将抗震救灾精神有效地融入课堂教学，可以在思想政治理论课、形势与政策课以及各类专业课中，巧妙穿插与抗震救灾精神相关的内容和案例。例如，在思想政治理论课中，结合抗震救灾过程中的英雄事迹，讲解人的价值、集体主义精神以及社会主义核心价值观等理论问题，引导学生从理论层面深入理解和领悟抗震救灾精神的内涵和价值。在形势与政策课中，分析抗震救灾工作对于国家和社会的重要意义，以及在此过程中涌现出的先进典型和感人故事，可以帮助学生认清形势，明确政策导向。在专业课教学中，结合学科特点，将抗震救灾精神作为案例或教学素材融入课堂教学之中，使学生在学习专业知识的同时，也能感受到抗震救灾精神的伟大力量。

（三）开展以抗震救灾精神为主题的实践活动

实践活动作为高校思想政治教育的重要组成部分，具有独特的育人功

能和价值。为了将抗震救灾精神深入贯彻到学生的日常生活中，应当积极开展以抗震救灾精神为主题的实践活动。这些实践活动可以形式多样，富有创意，例如志愿服务、社会调查、主题演讲、模拟演练等，旨在通过多种方式让学生亲身体验和感受抗震救灾精神的魅力。

在志愿服务活动中，组织学生参与到实际的抗震救灾工作中去，例如为灾区人民提供物资援助、心理疏导等，让学生在实践中深刻体会到无私奉献、团结协作的重要性。通过社会调查，学生可以深入了解抗震救灾工作的实际情况，感受国家和人民在灾难面前的坚韧和团结，进一步增强自身的社会责任感和使命感。主题演讲活动可以让学生以抗震救灾精神为主题进行演讲，通过准备和演讲的过程，深化对抗震救灾精神的理解和认同。

实践活动不仅可以让学生亲身体验抗震救灾精神的魅力，增强他们的社会责任感和奉献精神，还可以锻炼学生的组织协调能力、沟通能力和团队合作能力。在志愿服务中，学生需要学会如何与他人有效沟通、如何协调各方资源，以提高工作效率；在社会调查中，学生需要学会如何收集和分析数据、如何撰写调查报告，以提升他们的研究能力；在主题演讲中，学生需要学会如何组织语言、如何表达观点，以提高他们的表达能力。通过这些实践活动，学生的综合素质得到全面提升，为他们未来的成长和发展打下坚实的基础。

（四）营造以抗震救灾精神为核心的校园文化氛围

校园作为大学生成长和发展的重要环境，校园文化氛围积极向上的特质对于培养学生的综合素质具有不可忽视的作用。因此，要以抗震救灾精神为核心，着力营造一种积极向上、富有内涵的校园文化氛围。为了实现这一目标，可以举办一系列以抗震救灾精神为主题的文化活动，例如主题展览、文艺演出和专题讲座等。通过这些活动，将抗震救灾精神的丰富内涵和崇高价值直观地展示给学生，让他们在活动中深刻感受到这种精神的力量和魅力。例如，主题展览可以通过图片、视频和实物等多种形式，生动展现抗震救灾过程中的英雄事迹和感人瞬间；文艺演出则可以通过歌舞、戏剧等艺术形式，将抗震救灾精神艺术化呈现，让学生在欣赏中受到感染和启迪；专题讲座则可以邀请专家学者或抗震救灾英雄，为学生深入解读抗震救灾精神的时代意义和现实价值。

高校要充分利用现代新媒体平台的优势，例如校园网、微博、微信等，广泛宣传抗震救灾精神的内涵和价值。通过发布相关文章、视频和图片等内容，可以让抗震救灾精神在网络空间中传播得更广、更深，引导学生自觉践行这种精神。例如，开设专门的抗震救灾精神宣传专栏，定期发布相关内容；组织学生在网络上开展抗震救灾精神的主题讨论和交流活动，让他们在互动中深化对这种精神的理解和认同。

总之，通过举办一系列以抗震救灾精神为主题的文化活动和充分利用新媒体平台的优势进行广泛宣传，可以有效地营造一种以抗震救灾精神为核心的校园文化氛围。这种氛围将潜移默化地影响学生的思想和行为方式，引导他们自觉践行抗震救灾精神，成为具有高尚品德和强烈社会责任感的新时代青年。

［1］《习近平讲党史故事》编写组 . 习近平讲党史故事［M］. 北京：人民出版社，2021.

［2］包林 . 三线精神在高校思想政治教育中的价值研究［D］. 大理：大理大学，2024：1-2.

［3］本报记者 . 全力以赴抢险救援 积极开展防汛救灾［N］. 人民日报，2024-07-21（001）.

［4］常佩艳 . 文化视野下高校思想政治教育实践研究［M］. 北京：九州出版社，2018.

［5］崔佳慧 . 新时代大学生人文精神培育研究［J］. 成都行政学院学报，2021（3）：72.

［6］翟柯欣 . 新时代高校思想政治理论课实践教学研究［D］. 西安：西安理工大学，2023：1.

［7］韩路 . 大学生思想政治理论课学习现状与对策［J］. 淮北职业技术学院学报，2017，16（2）：84.

［8］何淑贞 . 学生理想信念教育探析［J］. 教师博览（科研版），2013（2）：5.

［9］呼勤，黄少平 . 高校思想政治教育学原理［M］. 成都：电子科技大学出版社，2016.

［10］李红冠，翟尧，孙智宏 . 高校思想政治教育［M］. 石家庄：河北人民出版社，2015.

［11］李红霞，李玲．"两弹一星"精神融入高校思政课教育的现状分析及实现路径［J］.大学，2023（3）：77.

［12］林伯海．大学生思想政治理论课学习状况研究［M］.成都：西南交通大学出版社，2020.

［13］马克思，恩格斯．马克思恩格斯全集：第一卷［M］.北京：人民出版社，1995.

［14］马克思，恩格斯．马克思恩格斯选集：第1-4卷［M］.北京：人民出版社，2012.

［15］沈壮海，罗永宽．新时代高校思想政治理论课建设研究［M］.武汉：武汉大学出版社，2023.

［16］沈壮海．论文化自信［M］.武汉：湖北人民出版社，2019.

［17］沈壮海．思想政治教育有效性研究 第3版［M］.武汉：武汉大学出版社，2017.

［18］孙鸿达．高校思想政治教育理论与实践研究［M］.北京：新华出版社，2015.

［19］汤恺．论和谐社会构建与高校思想政治教育价值的实现［J］.学校党建与思想教育（高教版），2008（7）：20.

［20］王安平，牟虹羽．奋斗精神融入高校思政课的价值与路径研究［J］.普洱学院学报，2022，38（1）：112.

［21］王佳琦．新时代加强高校思想政治教育中人文关怀的路径探析［J］.食品研究与开发，2023，44（17）：237.

［22］王丽．思想政治教育价值结构失衡及对策探讨［J］.湖北社会科学，2017（7）：194.

［23］王潇敏．浅谈立德树人视域下高校思政课满足大学生发展需求的路径［J］.国家通用语言文字教学与研究，2023（12）：31.

［24］王易，岳凤兰．关于加强新时代高校思想政治理论课教师队伍建设的思考［J］.思想理论教育，2018（5）：61.

［25］魏志强．论思想政治教育实践教育法［J］.传承，2009（12）：70.

［26］习近平．高举中国特色社会主义伟大旗帜 为全面建设社会主义现代化国家而团结奋斗——在中国共产党第二十次全国代表大会上的报告［J］.党建，2022（11）：7.

［27］习近平．思政课是落实立德树人根本任务的关键课程［J］.内

蒙古宣传思想文化工作，2020（10）：4-11.

［28］习近平.习近平强调要不断开创新时代思政教育新局面 努力培养更多让党放心爱国奉献担当民族复兴重任的时代新人 丁薛祥出席新时代学校思政课建设推进会并讲话［J］.中国军转民，2024（9）：6.

［29］习近平.习近平在中国人民大学考察时强调 扎根中国大地 走出一条建设中国特色世界一流大学新路［J］.中国人才，2022（6）：2+1.

［30］习近平.在纪念红军长征胜利80周年大会上的讲话［N］.新华社，2016-10-21（001）.

［31］习近平.习近平谈治国理政：第1卷［M］.北京：外文出版社，2014.

［32］习近平.习近平谈治国理政：第2卷［M］.北京：外文出版社，2017.

［33］习近平.习近平谈治国理政：第3卷［M］.北京：外文出版社，2020.

［34］习近平总书记系列重要讲话读本［M］.北京：学习出版社，2016.

［35］徐星华，张雷，蒋泽枫.长征精神涵养高校思想政治教育的价值逻辑及路径［J］.通化师范学院学报，2024，45（5）：69.

［36］徐永健，李盼.试论红色文化资源与大学生思想政治教育的内在关联［J］.思想教育研究，2016（12）：84-88.

［37］张福记，李纪岩.高校思想政治教育研究［M］.成都：四川教育出版社，2009.

［38］中共中央文献研究室.十八大以来重要文献选编（上）［M］.北京：中央文献出版社，2014.

［39］中共中央宣传部.习近平新时代中国特色社会主义思想三十讲［M］.北京：学习出版社，2018.